創価学会の研究

玉野和志

講談社現代新書

1965

はじめに

創価学会について論じてみたい。かといってこれは宗教に関する書物ではない。そもそも私は宗教研究者でもない。私は都市のローカル・コミュニティ（地域社会）を調査・研究してきた社会学者にすぎない。

では、なぜ創価学会を問題にするのか。少し説明が必要であろう。

私が創価学会についての調査を行ったのは、首都圏のある地域の社会学的な研究の必要からであった。その住宅地にはある時期多くの学会員が住んでいた。

何とか協力を得ることができて調査を続けるうちに、私はおもしろいことに気がつくことになった。確かに創価学会の歴史の中には人々の誤解や中傷を招くことがなかったわけではない。しかしその程度のことはある程度の組織であれば、どこにでもあることである。むしろ私はそれをことさらに問題視する日本の社会のほうに、あるおもしろさを感じたのである。人々はなぜ創価学会を嫌うのか。そこにわれわれ日本人と日本の社会を理解する鍵が隠されているように思えたのである。

というわけで、本書はいっぷう変わった書物となる。論じられるのはあくまで創価学会という宗教団体であるが、それを通して見えてくるのは、支配的な意味での日本の社会や言論や学問のあり方である。言い換えれば、本書は創価学会とそれを取りまく世の中を社会学的に理解しようとするものである。

したがって、本書には創価学会を告発するつもりも、美化するつもりもない。ちまたにはこの二種類の言説が溢れているので、結果として創価学会を論じたものとしては異色のものになるのかもしれない。

本書がそのような意味で創価学会に対して新しい角度から光をあてるものになったり、何よりそれを通して日本の社会を改めて考えることができるものになるならば、筆者として望外の幸せである。

目次

1章――学会員たちの信仰生活

まずは、一般の創価学会員が、どういう信仰生活を送っているかというところから話を始めたい。なぜなら、実は創価学会の秘密は、よく論難されるその教義の内容や、何かと話題になるさまざまな事件の内実にあるのではなくて、むしろ学会員一人一人の信仰生活にあるからである。そして、後の章で詳しく紹介するように、それこそがこれまで不思議なほど問題にされることのなかったことなのである。

1——学会員になるということ

学会員としての生活は当然、創価学会に入会するところから始まる。そこでまずは、学会に誘われて、入会するまでの一般的な過程から見てみよう。

座談会に誘われて

創価学会の会員は、機会があれば、周りの人々に入会を勧める。その勧誘の仕方は時期によりいろいろだろうが、かつてもっとも一般的だったのは「幸せになれるよ」とか、「拝むだけで幸せになれる宗教があるよ」といって誘うやり方である。

実利的な御利益《ごりやく》主義の宗教と非難されるゆえんであるが、とりわけ病気に苦しんでいたり、経済的な困窮を抱えた人々には、それなりに惹《ひ》きつけられるものがあった。ここでは宗教としての品格がどうこうというよりも、会員になった人にとってその幸せがどのように体験されていくかを問題にしてみたい。

さて、「そんなに言うなら」とか、「そんなにいいなら」という反応を示す人がいると、まずは『聖教新聞』を渡して読んでみることを勧める。次の段階で決定的に重要なのが、「会員の集まりがあるから試しにきてみるといいよ」といって座談会に誘うことである。

座談会は創価学会の特徴としてよく指摘されるもので、月に一回地域ごとに開かれている会員たちの基本的な集まりである。初期には会員の家を使って行われていたが、最近では会館を使う場合もある。会としての連絡や月刊誌を使った教学の講義がなされるだけでなく、主としては会員の体験交流が行われる。自分はこんなことで悩んでいたが、信仰の力でこれだけの成果をあげることができたという類《たぐい》の体験談が語られるのである。このような非常に率直でふみこんだ話し合いがなされるところに座談会の特徴がある。

私は実際に創価学会の座談会に同席する機会があったわけではないが、他の機会から察するかぎり、各自の話に皆が熱心に耳を傾けるだけではなく、ときに「そうだ！」「がんばれ！」という励ましの声がかかるだろうことは容易に想像がつく。このような場がかつては、とりわけ地方から都会に出てきて身寄りのない人々にとっては、「共同体の再発見」としての意味をもったといわれるのである。

つまり、創価学会に入会しようという人にはさまざまな集団的、社会的なサポートが与えられる。座談会で実際に幸せになったという体験談を聞いて励まされる場合もあれば、自分も同じようにがんばりたいという決意や感想を述べて、「そうだ！」「がんばれ！」というみんなの励ましを受けるということもあるだろう。また、誘われた人は誘った人と継続的な関係をもつことになり、あれこれと個別の相談や指導を受けることになる。さらにその人では十分でないというときには、その地区の幹部が対応することになる。

このような手厚いサポートそのものが、とりわけ孤立的であった人にとってはそれ自体「幸せ」であろうし、そのような支援に支えられて新たに生きていこうとした人に、たまたま幸運が訪れたとするならば、それはすぐさま信仰のおかげと解釈されるだろう。創価学会の人々が信心の功徳《くどく》について「たちまち幸運が訪れた」とか、「病気が治った」と強調することの背景には、現実の因果関係は別にして、それなりに根拠のある経験が存在しているのである。また、そのような集団的な支援が維持されているかぎり、たとえいっこうに幸運の訪れない人があったとしても、いつかはきっと自分にもという気持ちになれるだろうし、そもそも支えてくれる人がいるということ自体が「幸せ」と考えることもできるのである。

後の章で紹介する海外の研究によれば、イギリスやアメリカの創価学会（SGI：Soka Gakkai International）会員の多くが、個人主義的な自律をきびしく求められるキリスト教文化圏において、この座談会でのフランクな交流に大きな魅力を感じているということである。

入会の手続き

創価学会員になるまでの現在の一般的な手順をまとめるならば、次のようになる。

入会希望者はまず「入会希望カード」を記入する。これはその後も会員の所属する地区の組織に引き継がれていくもので、転居などの移動後も速やかな会としての対応を可能にするために工夫されてきたものである。このカードを記入した者が「会友」であり、会友もしくはその候補者は『聖教新聞』と月刊誌を購読することで会の内実に親しんでいくことになる。

そのうえで、三ヵ月の間に座談会に三回以上参加して、後で説明する「勤行《ごんぎょう》」などをしたうえで、会館で「入会記念勤行会」に出席。そこで「御本尊」を受け取ることになる。その後、地区の代表者などが随伴して自宅の仏壇に御本尊を安置することになる。これを「入仏式」といって、これで正式な会員というわけである。

ここで述べたのは、あくまで最近の創価学会の入会の手続きである。以前はもっと簡単なもので、幸せになれる宗教があると聞いて、その日のうちにお寺から御本尊をもらってきたという話もあるくらいである。一九五〇年代の拡張期にはいろいろな問題も引き起こした。そこで最近では、まず家族の同意を得る努力がなされることになっている。

日本の創価学会は会員数を世帯で数えており、家族単位での信仰を求めている。現在では二世、三世に当たる会員も多く、家族的な再生産が着実に定着している。

もちろん最初からうまくいったわけではなく、家庭内での信心をめぐるトラブルは絶えなかった。かつては「謗法払《ほうぼう》い」といって、それまで家にあった仏壇や神棚を会員が集まってきて、すべて焼き払ってしまったりもしたので、過激な新興宗教として恐れられた時期がある。法華経の教え以外の他宗派に対するこの断固として不寛容な態度は、日蓮が念仏や禅宗にとった態度に由来する。日蓮は他宗をすべて排して法華経を奉じないかぎり他国の侵略を受けると時の権力者に諫言《かんげん》したのである。創価学会の場合、このような性質が戦前の弾圧をへて、とりわけ戦後早い時期まではかなり厳格に引き継がれていた。その後、宗門から離れることによって生じた重大な変化については、ずっと後の章で紹介する。

さて、たとえ世帯単位で入会したことになっていても、熱心に信心する家族員もいれば、そうでない家族員もいる。母親は熱心に入会したが、父親はそうでもないということも多い。その場合、会からは自分が信心して生き生きとしていれば、やがてそれが認められて、他の家族員も信心するようになるという指導や励ましがなされる。実際、入会して一〇年以上たってから今度は父親がかえって熱心になったという話や、母親が入会してから見違えるようになったのを幼な心にもよく覚えていると語る二世会員も多い。それだけでなく、職場や友人たちにも最初は冷やかされていたのが、そんなにいいなら自分もやりたいといわれるようになったという類の話も好んで語られるものである。これらも度重なる迫害にもかかわらず、信者を増やしていった日蓮の生涯になぞらえられるのである。

現在ではかつてのような強制的な謗法払いがなされることはなく、できるかぎり事前に家族の了解を得るように配慮されているが、あくまで家族単位の信仰が求められる点に変わりはない。しかし、かといって創価学会が家の宗教であるかというと、そうではない。学会はけっして家を守るための宗教ではなく、あくまで個人の幸せのために、会員一人一人に、次項で述べるような具体的な信仰実践を求めてくる。家族員それぞれが個人として信心を深めることが目指されるのである。

学会員であることの証——勤行

さて、正式な会員になる最終的な手続きとして、信仰対象としての御本尊を受け取り、仏壇に安置するという入仏式があると述べた。御本尊とは、日蓮が図顕《ずけん》した「南無妙法蓮華経」の曼荼羅《まんだら》をその「血脈を継ぐ」とされる代々の日蓮正宗《しょうしゅう》の法主《ほっす》が書き写したもので、ごく小さな長方形の紙切れにすぎない。つまり何らかの偶像ではなく、書かれた言葉なのである。

この点は重要で、教学の対象となる「御書《ごしょ》」もまた日蓮が残した信者たちへの手紙を集めたものである。日蓮宗のいちばんの特徴である「南無妙法蓮華経」という題目も、法華経に帰依するという意味の言葉に他ならない。

そして、この書き記された言葉である御本尊に対して、やはりただ祈るのではなく声に出して言葉を発する（題目を唱える）行為が「勤行」と呼ばれる創価学会員の主たる信仰行為なのである（ここでいう日蓮宗・日蓮正宗と創価学会の関係については、2章で述べる）。

この学会員にとってもっともポピュラーな信仰行為の意味が、これまで創価学会を扱った議論の中でほとんど言及されてこなかったのはどういうわけであろうか。この点については3章で詳しく検討するが、学会が実は教学を重んじてきたことがあまり問題にされなかったことと同様、それは創価学会が宗教団体としてまともに扱われることがなかったことの表れなのかもしれない。ただ御本尊を拝むだけで幸せになれるという呪術的な性格や、ひたすら現世利益を追求するそのあり方が宗教として低く見られたからであろう。ここでは本来の宗教がどうあるべきかということには拘泥《こうでい》せず、あくまで信者が実際に何をやっているかに注目していくことにしたい。

会員は朝と夕、日に二回「勤行」を行い、必要に応じて随時「お題目」をあげる。これが基本的な信仰行為である。これをきちんと行うことが信心と考えられている。会員同士が元気のない相手を励ますときに、「ちゃんと拝んでるの」と声をかけたり、会員でない人が、相変わらず信心を続けている会員をからかうときに、「今でもこれやってんのか」と手を合わせる仕草をしたりするのは、この勤行とお題目のことをさしている。それほど学会を身近に知る人には一般的な行為である。

しかも重要なことは、勤行やお題目をあげることが、学会組織における地位よりも一般の会員にとって重く見られていることである。「幹部といったってろくに信心してないのがいるんですよ」とは、創価学会の一般会員が意外なほどよく口にする言葉である。はたしてこの勤行とお題目にはどんな意味があるのだろうか。

勤行とお題目

勤行とは、一般には仏壇の前でお経をあげる行為と理解すればよい。もともとは日蓮正宗の僧侶が本山で毎日の修行として、お寺の中で場所を替えつつ行っていたもので、これを一般信者にも行わせるように工夫してきたのが学会の特徴である。

読み上げるものは法華経の一節である。「方便品第二《ほうべんぼん》」と「如来寿量品第十六《にょらいじゅりょうほん》」と呼ばれる部分であり、法華経がすべての衆生を成仏させる唯一の教えであることや釈尊が実は永遠の生命を持っていること（「久遠実成《くおんじつじょう》」）を明らかにした部分で、法華経の中でも非常に劇的かつ重要といわれる部分である。日蓮が法華経のどこを読むのがよいかとある信者に問われて指摘した部分が典拠になっているらしい。

読み上げるのは法華経の漢訳文で、いわゆる漢文である。もともと日本の仏教は僧侶にしか理解できない漢文の読誦《どくじゅ》を信者がただ単に聞いているという構造をもっていたわけで、英米の創価学会員もローマ字表記したものを同じように発音しているので、とりあえずは読み上げる部分の意味ではなく、読み上げるという行為自体が問題であることがわかる。

さて、読誦部分は初座、二座、三座、四座、五座と呼ばれる五つのパートからなる。座

初座　諸天供養
　御本尊に向かって題目三唱
　東に向かって題目三唱
　方便品読誦
　「諸天善神の昼夜にわたる守護に感謝し、威光勢力・法味倍増のために」と心に念じる
二座　本尊供養
　方便品読誦
　寿量品読誦
　「一閻浮提（えんぶだい）総与、三大秘法の大御本尊に南無し奉り、報恩感謝申し上げます」と念じる
三座　三師供養
　方便品読誦
　「末法の御本仏・日蓮大聖人に南無し奉り、報恩感謝申し上げます」と観念
　「御本尊に向かって本門弘通（ぐつう）の大導師・日興上人に南無し奉り、報恩感謝申し上げます」と観念
　「一閻浮提の御座主・日目上人に報恩感謝申し上げます」と観念
四座　広宣流布祈念
　方便品読誦
　「広宣流布大願成就と、創価学会万代の興隆を御祈念申し上げます」と祈念
　「過去・現在の謗法罪障が消滅し、現当二世にわたる願いが成就しますよう御祈念申し上げます」と祈念
五座　歴代会長への報恩感謝および先祖回向
　方便品読誦
　「創価学会初代会長牧口常三郎先生、二代会長戸田城聖先生の死身弘法（ししんぐほう）の御徳に報恩感謝申し上げます」と観念
　「○○家先祖代々ならびに会員・友人の先祖代々諸精霊追善供養のために」と回向
　「世界の平和と一切衆生の幸福のために」と観念

表1　勤行のながれ

という言い方をするのは、もともと本山で場所を替えて行っていたことによる。朝はすべての部分を読誦し、これを「長行」という。夜は二座、三座、五座だけを読み上げることになる。

各パートのつなぎの部分で「御観念文《ごかんねんもん》」と呼ばれる部分があり、それぞれの内容を心の中で念ずることになっている。それをまとめると前ページ表1のようになる。諸天、本尊、三師、広宣流布《こうせんるふ》、歴代会長、先祖などの対象に報恩感謝ないし誓いを立てるという形式になっている。途中「南無妙法蓮華経」と唱えるところがあり、ここをどれぐらい長く唱えるかは特に決まっていない。

以上が創価学会における勤行の内容である。ところが、その後、この勤行のやり方が大幅に簡略化されることになる。具体的には表2に示したとおりである。

読み上げる部分は以前と同じ、法華経の「方便品第二」と「如来寿量品第十六（自我偈《げ》）」であるが、以前は朝に五回、夜は三回繰り返し読んでいたものが、現在ではそれぞれ一回だけになっている。その前後に唱えられる「御祈念文」の内容は、若干の変更はあるがほぼ同様である。全体に題目三唱する部分が増えているのがめだつ程度である。

このように大幅に簡略化された背景には、海外のSGIメンバーから勤行が長すぎるという声が上がっていたことがあるようである。初座・二座・三座という、本山での僧侶の

初めに御本尊に向かい（鈴)、題目三唱
諸天供養（朝のみ)
御本尊に向かって（東の方に向かってもよい)、諸天善神に法味を送る題目を三唱
「諸天善神の守護に感謝し、威光勢力が増すよう、題目の法味を送ります」と心の中で祈念の後、題目三唱
方便品・自我偈の読誦と唱題
方便品読誦（鈴)
自我偈読誦（鈴)
題目を唱えた後（鈴)、題目三唱
御本尊への報恩感謝
「一閻浮提総与、三大秘法の大御本尊に南無し奉り、報恩感謝申し上げます。
末法の御本仏・日蓮大聖人に南無し奉り、報恩感謝申し上げます。
日興上人に南無し奉り、報恩感謝申し上げます。
日目上人に報恩感謝申し上げます」と祈念の後、題目三唱
広宣流布祈念
「広宣流布大願成就と、創価学会万代の興隆を御祈念申し上げます。
創価学会初代、二代、三代の会長を広布の指導者と仰ぎ、その死身弘法の御徳に報恩感謝申し上げます」と祈念の後、題目三唱
諸願祈念ならびに回向
「自身の人間革命と宿命転換を祈り、種々の願いが成就しますよう御祈念申し上げます。(種々の祈念はここで行う)
先祖代々ならびに会員・友人の諸精霊追善供養のために。(回向の中で鈴を打ちます)」と祈念の後、題目三唱
「世界の平和と一切衆生の幸福のために」と祈念の後（鈴)、題目三唱

表2　改正後の勤行のながれ

修行を意識した形式が、宗門からの分離（2章参照）によって墨守《ぼくしゅ》する必要はないと考えられるようになったのかもしれない。日蓮にもどるならば、本来はお題目をあげることが中心であるので、簡略化することに躊躇《ちゅうちょ》はなかったのだろう。ただ、島田《しまだ》裕巳《ひろみ》はこの点を取り上げて、「創価学会の実力」が落ちてきた証左ではないかと論じている。この点について筆者は独自に判断する材料を持っていないが、それはあくまで実際に会員が勤行とお題目にどのように取り組んでいるかという具体的な実態をふまえたうえで判断されなければならないだろう。

ところで、ここでいう「お題目」というのは、「南無妙法蓮華経」と唱えることを意味し、一般に「勤行」とは区別される。朝夕の勤行のほかに、悩み事があったり、ちょっと時間があるときにはお題目を繰り返し繰り返し唱えることがある。このことがまた会員にとっては非常に大きな意味をもっているのであるが、とりあえず、ここではその一般的な意味合いについてだけふれておきたい。

勤行とお題目をめぐる教義

後で詳しく紹介するように、会員の多くは御本尊の前で勤行やお題目をあげることで、元気が出たり、落ち着いたり、ときには問題の解決策が思い浮かんだり、病気が治ったりすると語る。それらはすべて御本尊ないし日蓮大聖人《だいしようにん》の功徳と理解される。現在の創価学会の教学本によれば、概略それは次のように説明されている。

世界はすべて一つの生命によって満たされていて、それは常に形を変えつつ、物質にも精神にも、生物にも非生物にも、あらゆる対象に含まれている。法華経の法理を体系化した中国の天台大師は、これを「一念三千」の法門としてまとめている。

「一念」とはこのすべての生命を意味し、それは「十界」・「十如是《によぜ》」・「三世間」にもとづく「三千」という体系でとらえられる具体的な諸相をとって現れる。したがって、自己の生命のうちに宇宙大の自我を実感することができるのであり、天台大師はこれを哲学的な思惟として深く思索することを求めた。

これに対して、日蓮大聖人は宇宙生命の根源を南無妙法蓮華経であると説き、これを大御本尊として全民衆の信仰の対象として具体化したわけである。つまり大御本尊を信じて、南無妙法蓮華経と唱えるならば、自己の生命に宇宙大の大生命を顕現していけるとしたのである。

そして、自らの現在の境遇はこのような永遠の生命観にもとづいて、過去から現在にいたる一切の行動が因となり、果つまり現在の宿命を形成している。これがすなわち「生命の因果論」である。

しかしながら、逆に現在の行動がまたそのまま因となって未来の果、すなわち未来の宿命を形成していくのであって、日蓮大聖人の教えは、この永遠の生命を集める力をもつ御本尊の前で、ひたすら題目を唱えることで自らの中にこの宇宙の生命が満ち満ちて心身が活性化され、そこから現在のこの一瞬に自己を大変革し、未来への因をつくることで宿命を変えていくことができる、つまり「宿命転換の法理」を説いているというわけである。それゆえに御本尊の前で南無妙法蓮華経と唱えるならば、おのずと問題は解決されていくのである。

勤行とお題目の効用

信者にとっての教義としては、この程度の説明で十分であろう。しかし、われわれ外部の者はどのように理解すればよいのだろうか。それもやはり具体的な会員の事例から判断してゆくしかないが、とりあえず次のように考えてみたい。

どんな人でも何かやる気が出ないときや仕事が手につかないときというのはあるだろう。とりわけ朝早くや何か心配事があるときはそうである。

そんなときに法華経の一節を声を出して読み上げたり、「南無妙法蓮華経」と唱えるという行為は、少なくとも余計な考えに陥ってさらに状況を悪くしたり、何もできずに時間をやり過ごし、ますます焦りを感じるよりはずっとよいことである。われわれの多くもそんなときに好きな音楽を聞いたり、雑誌に目を通すなり、それぞれの気分転換のすべを持っているものである。

しかし勤行やお題目はすべての学会員がやっている宗教行為であって、単なるひまつぶしでも、気分転換でもない。すべては御本尊や大聖人のもとでの価値多い行為とみなされるのである。

つまり、これまでの創価学会をめぐる多くの言説のように、教義の妥当性がどうとか、宗教思想としての深みをうんぬんすることよりも、創価学会が実は会員に対して毎日の具体的な行為を指し示し、そこに宗教的な信心の核心を置いてきた点にもっと注目すべきなのである。少なくとも創価学会の宗教としての評価は会員の勤行とお題目という具体的な行為に注目したうえで行うのが、より適切であると思う。

それをあえて理解しようとするならば、われわれが生活のリズムを維持するためにふつうは個人的に行っていることを、神聖なふるまいとして共同的に維持し、その効果もまた共同的に評価され、支持される、そういうしくみをつくり上げていると理解すべきであろう。それはそれなりに、決して呪術的ではない、合理的な行為として、ある程度の効果を持ちうるのである。

会員としてのつとめ

さて、創価学会では入会を勧めた者を「紹介者」、勧められた者を「新入会者」と呼び、その他に様々に関わりをもつようになる会員を一般的に「先輩」と呼ぶようである。紹介者と新入会者との関係はきわめて重要で、これがいわゆるタテの信教のラインで、従来はこれが組織の基本であった。新入会者を獲得すること、つまり説得して信教へと導き入れることを、日蓮宗では「折伏《しゃくぶく》」という特別な言い方をする。そして、この折伏こそがもっとも重要な創価学会員としての信教実践なのである。

ここで少し整理しよう。創価学会の会員になると、まず御本尊をいただいて朝夕の勤行と題目を唱えることになる。同時に『聖教新聞』を購読し、やはり会の月刊誌である『大《だい》白蓮華《びゃくれんげ》』を購読する。このための購読料だけがとりあえずの費用である。別途会費は存在しない。かつて「金のかからない宗教」といわれたゆえんである。別に「財務」と呼ばれるものはあるが、これについては後で述べることにしよう。

古い会員はさらに「御書」と呼ばれる、日蓮が信者に宛てた手紙文をまとめた本を持っている場合が多い。この御書の学習こそが教学の基本であり、『大白蓮華』には必ずその一節の解説と講義が掲載されている。月一回の座談会ではその講義が行われる。『大白蓮華』の解説はきわめて懇切丁寧なもので、誰にでも読めるような工夫がほどこされている。最近ではこの『大白蓮華』で十分足りてしまうので、御書をあまり開かない人も多くなってしまったという。

会員が具体的に行っていることは以上である。これをふまえて会員としてのつとめは、次のように説明される。

まず、個人として行う「勤行」、御書についての学習すなわち「教学」、そしてその実践として信仰を広め他人を救う「折伏」の三つである。教学と実践が車の両輪にたとえられるので、日蓮の教えには学んだことを必ず他人に返す実践へと結びつけることが述べられている。教学の成果をふまえて他者に働きかける折伏が非常に重視されるわけである。かつて創価学会は強引な勧誘で知られていたが、現在では強引な「折伏」を一方的に強調するのではなく、「摂受《しょうじゅ》」という方法についてすでに日蓮も述べていたと指摘されている。摂受とは、たとえ人々が謬《あやま》った教えを信じていたとしても、これを咎《とが》めず、仮に受け入れたうえで次第に人々を導いていく方法であるとされる。

とはいっても、創価学会についてはこの信仰を持つことで御利得があることを強調する一方、これをないがしろにすることはすべて「謗法」として強く排斥され、謗法には罰《ばち》が当たると脅して強引に折伏するという印象が残っていることも確かである。事実そのような勧誘が行われたことも少なくない。その点については、後の章で詳しく紹介する創価学会に関する言説から、十分過ぎるほど推し量ることができるだろう。

2——学会員たちのプロフィール

次に、信心する学会員たちのより具体的なイメージをつかんでもらうために、典型的な会員のプロフィールについていくつか紹介してみたい。

ごく初期の会員——中村はつえさんの場合

創価学会がその会員を急激に拡大していったのは、戦後まもない一九五〇年代のことである。この頃に入会した中村はつえ（仮名、以下同様）さんは、今ではもう高齢となった女性である。はつえさんは、ある日ご主人が絶対幸せになる宗教があると聞いて帰ってきたので、それならばと出かけていって、その日のうちにお寺から御本尊をもらってきた。ただただ素直にいただいてきただけで、当時は子どもも多く、貧乏のどん底だったので、幸せになれるのならと、子どももみんな連れて、もらってきたのだという。

入会してみると、学会というのはとても親切な組織で、最初からいろいろと手引きをしてくれた。月に一回座談会があって、そこで先輩方が、こんなにつらいことがあったが、お題目をあげてこう克服したという話をしてくれて、あの方の御本尊様も、自分の御本尊様も、同じ御本尊様なのだから、きっと自分も幸せになれるはずだと信心を重ねてきた。

「何か判断に迷うことがあると、御本尊様に向かってどちらが正しいのでしょうか、教えてくださいといってお題目を唱えていると、そのうち間違っているほうに罰が下って、どっちが正しいかがわかる。罰論というのは、すごいもんです」

初期の会員であるはつえさんにも、罰論はこのようなものとして理解されている。最初にはつえさんを学会に誘ったご主人は、信心も何もしなかったが、幹部の中にも、やりもしないでやったふりをするのがいて、御本尊様はみんなわかっていて、そんな人は何も成長しないし、生活もよくならない。一生懸命やっている人だけが、いつの間にか幸せになっていくのだという。

ここでいう信心とは、朝夕に行う勤行やお題目を唱えることである。いっこうに信心に励もうとしないご主人のことを、はつえさんは最初からいろいろ指導してくれた人に相談していた。その人は、とにかくがんばってご主人の分までお題目をあげなさい、そうすれば、あなたにとって必要な人ならば長生きするだろうし、必要のない人なら、いなくなるか出ていくかするはずですよ、といったという。

「それから一五年ほどしてからですかね。主人はぽっくりと何も苦しむことなく亡くなりました」

「当時は本当に貧乏で、お風呂に入るのもままならないほどで、そんなときに近所に住んでいる幹部の方が、毎朝お風呂に入って身を清めてからお題目をあげていると聞き、そのときの自分にとっては本当に夢のような生活に思えました。それでも、やはり同じ御本尊様だと思って精進を重ね、歩合制で工場の部品を作る内職や料理屋さんで皿洗いをして生活を支えてきました。そんな自分がやがて貯金をして相当な額を学会の『財務』の機会に供養することができるようになったのは、本当にありがたいことです」

貧乏のどん底から信心の力ではい上がってきた会員にとって、学会への寄付はこのようなものとして観念されているのである。

また、このような会員にとって御書を中心とした教学の研鑽《けんさん》はどのように受け取られているのか。

東北の田舎に育って、家が貧乏で小学校しか出ていない、はつえさんには、御書にふれることができるだけでありがたく、何回も何回も読んでいるうちに、普通の人よりは利口になっていくのがわかる。娘が嫁いだ先のお義母さん方はみんな女学校を出ていて、はつえさんは小学校しか出ていないが、話をするのに何の苦労もない。

「それも信心のおかげなんです。子どもたちの学校でも、PTAなどできることは何でもやって、何かあるときにはいちばん前に座って、先生の言葉を一つも逃すまいとしてきました。無学な自分でも学校を出た人と同じようにやっていられるのがうれしかったんです。同様に、学会の研修などでも大学を出た人と同じように付き合うことができて、とにかく感謝、感謝という気持ちです」

このように、とりわけこの時期の、能力はあっても経済的な事情から上の学校へは進めなかった多くの人々にとって、創価学会における御書を中心とした言語の修得をともなう教学のもった意味は重大である。

そして、はつえさんは、ごく初期からの会員として、学会が世間から徐々に認められるようになってきたことを、次のように語る。

「昔は学会も無学な人が多くて、信仰一筋という感じでしたから、ずいぶん固い部分もあったと思いますよ、それでも、今は大学出の幹部も多くなって、その辺は柔軟にやっていけるようになってきたんだと思います、娘の連れ合いも町内会の地区委員をやっていて、今では町内会長さんとも仲良くやっています。娘に民生委員をやってもらえないかとまでいってくれてるんですよ。ありがたいことです」

選挙についても、はつえさんはただ公明党の候補の人に大勝利させてあげたいと思って拝んでいるだけで、近所の人には、別に公明党を応援してるわけじゃないけど、おばあちゃんが一生懸命やってるんで支持してるんですよとよくいわれるのだという。そして、公明党の議員に対しては、自分たちがこれだけ一生懸命応援しているんだからしっかりやんなさいよと、はつえさんはいつもはっぱをかけているのである。

学会を古くから知る会員——吉田幸夫さんの場合

次に紹介する吉田幸夫さんは、家族が古くからの会員であったが、本人は長い間会員にはならなかったケースである。したがって初期の学会について、ある意味で外部からの視点で語っている部分があって興味深い。

吉田さんは、戦後創価学会が急激に会員を拡大する時期に、とりわけ会員拡大の顕著であった地域に居住していた。その地域に住むようになったのは、戦争が終わって間もない頃で、市街地の家を空襲で失った両親と一緒に疎開先から移り住んだのである。結婚する頃には、すでに両親が会員になっていて、その後、妻も入会し、その勧めで子ども二人も会員になっている。幸夫さんが入会したのは最近のことで、妻の入会から遅れること三〇年近くである。妻の入会は自分の親に勧められてのことであったが、むしろ、近所で美容院をやっていた熱心な会員さんの影響が大きかった。当時は、若き日の池田大作・現名誉会長が直接指揮をとっていた頃で、最初の盛り上がりの時期、一九五五年頃のことである。

幸夫さんは長い間無神論者で、若い頃は神仏に頼る必要などなく、何でも自分の力でやっていけると思っていた。父親は四国出身の大工で昔は神棚を飾っていたかもしれないが、仏壇はなく、母親は千葉出身の髪結いで、そんな二人だったので、家では先祖の祭りなどやっていなかった。その後、両親は学会員になるが、仕事の関係で知り合ったお寺さんに勧められるままにお墓を買ってしまって、他宗の仏壇と学会のと、仏壇が二つあるという状態だった。妻は、子どもが小さい頃にけがをすることが多く、そんなことで学会に入り、信心をしていた。困難を信心によって克服してきたこともあってか、両親がそんなでも、妻だけは強情に信心を続けていた。

「自分が入会を決意した背景には、いずれ親が亡くなって家を継いでいくにあたって、世帯主としてどちらの仏壇を残すのかということもあったわけです」

幸夫さんは工業学校を卒業して、ずっと現場の技術者としてやってきた人で、工業学校の恩師の教えが、製造業が基幹産業になっていく中で、必要な人材というのは、実際に旋盤でも何でも、自分でやってみせることのできる人間だ、という考え方であったせいか、周りには大学まで行った人もいたが、幸夫さんは大学に行ってもやることは同じだと思ったし、家が貧乏で早く家計の助けにならなければならなかったこともあって、学校を卒業してすぐに現場に入ったわけである。専門は通信科であったが、就職後は主に蛍光灯を担当した。最初は設計をやっていたが、やがて生産技術（量産するための製造技術）が重要になると思ったので、大量生産のできる大手に転職することを考えるようになる。

学会に入ったのは名古屋の工場に単身赴任していた頃で、昔から付き合いのあった近所の、創価学会の地区部長をしていた人が、たまたま名古屋に遊びにくる機会があって、そのときに「もうそろそろいいんじゃないですか」といわれ、すんなりと「そうですね」とこたえたという。入会の背景には、当時上司として部下の管理に限界を感じていたということがあった。良品率を上げるためには部下の人間性を含めて管理しなければならない。悩みを抱えていると不良品を作ってしまう。ところが部下の人間的な悩みに何も応えられない自分がいた。それと、ちょうどその頃親の具合が悪くて、どちらの仏壇を残すのかということにも、きりをつけなければならないと思っていたこともあった。

入会すると最初の三ヵ月は見習期間として、御書をもらって、勤行をやって、座談会にも参加して、聖教新聞をとる。それから申請をして、面接を受け、御本尊をいただくことになる。吉田さんはこの面接で、信心をするのは自分の運命だといってしまったとき、それは運命ではなく、使命だといわれたのをよく覚えている。

勤行や御書を読む練習は座談会のはじまる前や、「唱題会」といってお題目を唱える会があって、夜になると女子部や男子部の人が開放されているところにやってきて、みんなの前で声を出してお題目をあげたり、座談会で体験談を披露したりする。そうすると、それが自信になって、人前でも平気で話ができるようになる。

行き詰まったときや困ったときには、自分で何百回とか何千回と決めて御本尊の前でお題目を唱える。

「このときに湧きあがってくる生命力というものがある。五時間でも、六時間でも自分で目標を決めてやりきることが大切で、あとは何を願うかなわけです。御本尊は心を映す鏡のようなもので、自分の願いを強くそこに訴えることで、それを実現していく。そういうものです。とはいっても、要は信じられるかどうかで、やはりどん底の経験をしないとわからないことがあると思いますよ」

と語る吉田さんである。

ずっと現場の技術者としてやってきて、昔は立派な教科書などなかったので、吉田さんは何でも自分で考えていかなければならなかった。そうやって身につけてきた自分なりの方程式というものがあって、信心をして気がついたのは、それらはすべて日蓮大聖人が御書の中ですでに指摘していることであった。だから入会して変わったわけではなく、それまでやってきたことが、御書によって改めて裏づけられたという感じだった。仏法というのはそういう人間の生き方を説いたものだと吉田さんは解釈している。

入会しても最初はただ御本尊の前に座って題目を唱えるだけで、そのうち御書が教科書なので、その教義を学んでいくことになる。仏法の教えというのはもともとすべて漢文で書かれたもので、教養のある人しか読めないものだったが、これを日蓮大聖人がひらがな混じりのものにして、庶民にもわかるものにしようとした。ところが日蓮の弟子の中にはやはり漢文でなければならないと考えた人もいて、これが身延の方の宗派になって、本来の教えは日蓮正宗として大石寺《たいせきじ》に受け継がれていくことになったのだと、吉田さんは解説する。

「御書の学習は月一回の座談会の中で四行ぐらいの一節を取り上げ、先輩がその解釈を講じていく。そうやって断片的に少しずつ学んでいくのだが、入会しても座談会に出ない人がいて、そういう人は教学がともなわないわけです」

そのような会員に対する吉田さんの次のような言葉は、創価学会の性質をよく示していて興味深い。

「そういう人はどん底を味わわないですんだような人なんですね。昔よく言ったように、創価学会は病人と貧乏人の集まりだったわけで、どん底を味わった人が先輩の説いてくれる仏法の力でそこから這いあがってきたところがあるんですよ。だから、そういう体験のある人でないとだめなところがあるんですね。創価学会は昔はそんなものでしたよ。興味があるとかいうことではなくて、信じるかどうかということなんです。信じて努めてきた人が幹部へと成長していったということなんです」

この人は家族が古くからの会員だったので、かつての創価学会のことをよく知っている。むかしの学会員といえば、社会的には後ろ指をさされるような場合が多かった。

「会員になると、謗法払いといってみんなでよってたかって仏壇や神棚を撤去してしまうので、過激な集団だと見られていたし、会員は病人と貧乏人ばかりで、立派なお屋敷に住んでいる人なんかいませんでしたよ。自分が若いときによく目にした学会員はめちゃくちゃで、やれ今日はいくつ神棚を焼いてきたとか、何人折伏できたとか、そんなことばかり言って、いわば闘士のようなもので、おとなしく信心しているという感じではありませんでしたね」

「地域の祭りについても、うちの子どもたちが神輿《みこし》を担いでいるような写真も残っているので、昔はそんなにうるさくなかったのだと思います。その後お寺のほうからお触れが回ってきびしくなったんでしょう。だから、今はまたお寺との関係が切れたことで、うまくいくようになったわけです。かつては町会も商店会も学会員はほとんど関わらなかったのです。もともと病人と貧乏人が中心で、町では位置づけのない人たちばかりだったので。いわば村で農民が組合を作ったようなものだったのです。そのようなことを反省して地域にも関わろうというようになったのは、ごく最近のことです。いちばん大きく変わったのは、選挙のときの取り組み方や議員の町での行動です。昔ほど戦闘的、排他的ではありませんし、公明党の議員が地元の神輿を担ぐことすらあるくらいです」

他にも吉田さんから見ると、大きく変わった点がある。

「創価学会にも、最近では専門部というのがあって、大企業や官庁の課長以上、弁護士、お医者さんなどだけが入れる組織というものがある。そのような人々も学会の会員として活躍するようになってきたわけで、そこでの会合に参加してわかるのは、会社の社長もいるし、実力者もいる、あながち貧乏人ばかりではないのだなということです。最近では、新年の挨拶で本部に行くと会社が伸びるという話まであって、毎年本部の前には黒塗りの車がずらっと並ぶそうです。さらに、会員にとっては近くに会館を建てるというのが念願なのですが、このような会館の建設一つとっても、学会全体としては大変な規模の事業になる。当然関連企業などもできてくるわけで、もはや創価学会も一大勢力になっているというわけです」

と吉田さんは胸を張るのである。

二世の青年部会員──若松弘樹さんの場合

次に紹介する若松弘樹さんは、いわゆる学会二世に当たる会員で、子どもの頃から家に御本尊という信仰対象があった人である。親はそれほど熱心な会員ではなかったが、学会には子どもの組織として少年部、中等部、高等部からなる未来部というのがあって、大人の担当者が世話をしてくれていた。弘樹さんはそこで勤行をやることを勧められたのである。

やってみると確かに違うところがあった。はじめた頃は中学生だったが、クラブ活動でレギュラーが取れたり、勉強の集中力が上がったりした。そういうわけで昔から勤行は続けていたが、特に熱心に活動するようになった直接のきっかけは、中学二年のときに別の地方に引っ越すことがあって、移った先でなかなかなじめなくて悩みを抱えることになった。そんな高校三年のときに学会の行事で文化祭というのがあって、そこで自分の悩みが晴れるという体験をしたのである。それが現在でも熱心に活動を続けている理由の一つである。

両親が学会に入ったのは、弘樹さんが生まれる少し前のことで、弘樹さんが生まれた六〇年代の後半には、いま弘樹さんが住んでいる地域に住んでいたが、両親が入会した頃は別のところに住んでいた。その後、さらに別の場所に移り、このときに中等部での活動を始めるようになったわけである。その後、さらに引っ越した後に悩みを抱えると同時に、それを克服する体験をすることになるが、大学進学にともない、当時姉がこの地域に住んでいたこともあって、またこの地域に住むことになった。両親はこの地域にいたときには社宅住まいで、別の所に家を建てたが、またすぐに転勤になってしまった。父親は金属関係の工場で技術畑の仕事をしていた。弘樹さんがこの地域に戻ってから、両親はさらに別の場所に転勤になったが、現在は母親の実家の近くに家を建てて住んでいる。弘樹さんは現在会社員で、コンピューター関係の仕事をしている。

創価学会では、高校を卒業して大学に行った者は学生部、社会人になった者は男子部または女子部に入り、男性の場合はだいたい四〇歳ぐらいまでそのまま男子部で活動する。その後、その人の希望によって壮年部に移る場合もある。だから大学生のうちは学生部、社会人になると男子部というかたちで活動をしていくことになる。

信仰活動は勤行と、御書の学習をする教学、さらにそれらを広める折伏というだいたい三つの内容からなっている。若松さんも今では大人として未来部の世話をしたりしている。

その他、日頃の信仰活動としては、毎日勤行をやるのが基本で、定期的な会合としては、部長をやっているので部長が集まる会合が一つ、それと自分の担当する部員を集める会合が一つある。これらはいずれも男子部の中にある組織で、部は地域ごとに分かれていて、だいたい週一回の会合が基本である。

信仰について若松さんは、単純に元気が出るというか、仕事に対しても何に対しても積極的になれるというのが何よりだと考えている。それは勤行だけではなく、会合に出ることなども含めて、すべての活動によってそうなるのである。折伏については、たくさんできる人も、あまりできない人もいて、若松さんは自分はどちらかというとできないほうだと語る。若松さんは、相手がよくなることがいちばんで、おいしいものを食べたり、よい映画を見たりするのを勧めるのと同じことが、折伏だと考えている。自分はよくてやっているわけだから、他人にもいいよと単純に勧めているだけのことである。

「創価学会の活動や信仰については、信心するとかしないとかというよりも、その結果、活性化されたり、悩みが解決できるならやればいいし、そんなこともあるということを知ることだけならばただなんだから、知ってほしいという気持ちなわけです。知ったうえで信仰するかどうかはその人が決めればよいことで、誰でもみんなしなければならないということではない。自分はただいいものを知ってほしいと思うだけなんです」

若松さんぐらいの世代になると、学会に入っているからどうだこうだという目で見られることはあまりなかったという。人にもよるだろうが、自分はそういうことを感じることはなかったと語っている。本当のところ、どういうふうに思っているかはわからないが、特に差別的な扱いを受けたということはない。若松さんの場合はあちこち引っ越していたため、あまり地域と直接関わることもなかったので、地域の祭礼への参加などをめぐって学会だから困るということもあまりなかった。親がそれほど熱心な会員ではなかったこともあるが、そもそも引っ越した先々も、あまりお祭りで盛り上がるような地域ではなかったこともあるのかもしれない。

「今は学会もそのように考えるようになりましたが、地域のお祭りは宗教行事というよりはイベントで、そんなイベントで地域の人と壁を作るようなことをすることはない。ただ、ある意味で線引きというか、峻別する意味で、そのようなことを必要とした時期もあったのでしょう。それでも、もともとは本義が重要なのだから、やはりある程度形骸化してしまっていたり、末端にはそういう人もいたのかなと思うだけです」

さらに、公明党との関係や選挙に関わることについて、若松さんは次のように語っている。

「公明党の議員さんとはいつも応援をする関係ですから、たとえば、あそこに段差があるから何とかしてくれないかというようなことは、すぐに言える関係です。自分たちで選んでいるわけですから、それだけ評価が厳しいところもありますよ。それはやっぱり選挙や政治にまったく関わらない人とは全然違っていると思います。自分たちが関与していると いうか……。よく組織票という言い方をしますが、それはおかしいと思うんですよ。組織の防衛のためや強要だけで動く人なんか一人もいないですよ。つねに対話と納得の中で人は動いていくんであって、右向け右といっても人は動きません。

中道というのはイデオロギーが二分されていた時代に、人間主義という観点から、どちらか一方ということではなく、できることがあるだろうという考え方だったと私は理解しています」

3——「幸せにするシステム」

さて、本章では創価学会の会員がどのようにして会員になり、いかなる信仰生活をおくっているかを、できるかぎり具体的な行為のレベルで紹介してきた。それは、創価学会を理解することは、その教義や教えの内容を理解することや、いわんやその純粋な宗教理論としての不備をつくこととは何の関係もないと考えたからである。実際に会員が何を行い、どう考えているかについての社会学的な検討こそが重要なのである。そして、そのようなレベルから見た場合、創価学会の組織と運動の中に、「幸せにするシステム」とでもいうべき仕組みが存在していることがわかってくる。

幸せになれる宗教

よく創価学会を称して「幸せになれる宗教」という言い方をすることがある。従来、それは創価学会の現世利益的な性格を、宗教として一段低いものとみなす論者が好んで指摘したものである。しかしこの言い方は、会員にとってはもっとも一般的な勧誘の言葉であり、紹介の言葉である。

筆者が学会の集会で、たまたま目にすることのできた婦人部の活動を紹介したビデオでも、大阪で活動するある婦人が、かつて池田名誉会長に「絶対幸せになるんだよ」といわれたことを励みにこれまでやってきましたと語る場面があった。「この宗教に入ると幸せになれる」「拝んでるだけで幸せになる」「幸せになれる宗教がある」という言い方は、単に神仏にすがって現世利益を期待するだけの通俗的な信仰とは言い切れない、創価学会のもつ人生に対する前向きで積極的な姿勢を示すものなのである。

創価学会のもつこのような攻撃的ともいえる姿勢は、かつて初代会長の牧口常三郎《まきぐちつねさぶろう》や二代目会長の戸田城聖《とだじょうせい》が宗教の優劣について「勝負でいこう」と語ったとされるように、やはりこれまでは創価学会がもつ「ファシズム」的な性格として言及されることが多かった。それが実際に「ファシズム」であるかどうかは別として、現在の学会の教学本の中にも、「仏法は勝負である」という表現が見られる。つまり仏法の正しさは必ず結果として現れるとされるのである。これを「現証」といい、その一つとしてかつては「罰が当たる」ということがしきりに強調されたのである。この点も初期の創価学会の勧誘を何やら脅迫めいたものにした理由の一つである。現在でも、月刊誌である『大白蓮華』を少し開いてみるだけで、「だからわれわれは正しい信仰によって人生に大勝利していこうではありませんか」という呼びかけをあちこちで目にすることができる。すでに簡単に紹介した創価学会の教義によれば、それが「宿命転換の法理」であり、自らの境遇を自らの力で打開して「幸せになる」のが、会員にとっての日々の実践と考えられているのである。

日蓮大聖人の教えにその真実があるかどうかとか、「法華経」や「南無妙法蓮華経」や「御本尊」にその効能があるかどうかは、それを信じるかどうかの問題である。しかし重要なのは、これらを実現していく、いわば「幸せにするシステム」とでも呼べるものが、創価学会の組織や活動の中には存在しているということである。

「幸せにするシステム」としての勤行と座談会

まず、勤行という毎日の信仰行為は、会員の生活に一定のリズムと規律を与え、さまざまな困難な状況に対して余計なことを考えたり、落ち込むことなく、前向きに精神を集中していくことを可能にする。それは各自が個別に行うことではあるが、御本尊と法華経の一節であることによって、教団としての公的な意味合いが与えられるだけでなく、場合によってはそれを行う場所が青年部に開放されていたり、唱題会というかたちで会員みんなの前で集団的に行うという機会も設定されている。

もう一つの場は、いうまでもなく座談会である。そこでは各自の体験発表が単に悩みを語り合うというだけではなく、困難に打ち勝ってある成果をあげた人々を賞揚する場となり、それはいつかは自分もそうやって幸せになるんだという動機づけを与えてくれる場にもなっている。

もちろん、そのような公的な場だけではなく、信仰の先輩、後輩としてきめ細かな個人的な対応がなされていることにも注意しなければならない。しかも、それらがきわめて意識的な活動として組織立てられていることは、後の章で詳しく紹介する、学会に批判的な文献においても、しばしば指摘されてきたことである。

勤行と座談会を中核としたこのような創価学会のシステムは、社会の中で孤立的な立場に置かれていた多くの人々にとって、まさに自らの運命を切り開いていくうえで、大きな力を与えるものであった。創価学会の会員になるということは、最近はそうでもないだろうが、少なくともその初期においては一般的な世間からは特別な目で見られることを意味していた。しかしもともと世間から認められることの少なかった人にとっては、そんなことよりもむしろ自らを全面的に受け入れてくれる場を得ることのほうが重要であったのである。

「幸せにするシステム」としての教学

「幸せにするシステム」のもう一つの柱は、教学である。日蓮がその信者にむけて書き綴った書状を集めた御書の内容を中心とした教学の修得は、会員たちにとって世間的な成功とはまた少し違った機会を与えるものであった。

創価学会では、毎年「教学部任用試験」というものが、かなり大がかりに行われている。たとえば、ある年の『聖教新聞』には、任用試験の結果が発表され、全国で一一万四〇〇〇人が合格したという記事が載っている。任用試験というのは、日蓮大聖人の御生涯、御書、教学の基礎を問う試験による資格の検定制度であり、合格者はまず「教学部助師」と呼ばれる教学部員として認められることになる。やがて教学部教授へと進んでいく過程で、座談会などの場で他の会員に御書の解説を行う教学の指導を担当するようになっていく。

創価学会における教学は、月刊誌の『大白蓮華』に毎月御書の一節が取り上げられ、これにもとづいて座談会で講師による御書講義が行われるだけではなく、「御書学習会」と呼ばれる特別の会合へも自由に参加することができる。このような御書の学習は文字や知識に対する会員のある種の要求にこたえるものになっている。

もちろん人によってその意味合いは異なるもので、前節最初の事例として紹介した古くからの会員である中村はつえさんにとっては、小学校しか出ることのできなかった無学な自分が、教学を通じて女学校を出ている立派な方々とも何のひけもとらずに付き合っていけるという自信を与えるものであった。また、二番目の事例として紹介した吉田幸夫さんにとっては、現場の技術者として自らが築き上げてきた実践的な知識を改めて裏づけるものとして日蓮の言葉が理解されている。

創価学会が戦後、教学を重視してきたことは、会員たちの知識欲や言語能力の向上にとってきわめて重要な意義をもっていた。これによって学会員たちは、それ以前には身につける機会を得られなかったがゆえに持っていた、文字や言語に関するハンディキャップを克服したり、逆にそれなりの能力を身につけてきた人々をも引きつけるだけの教養内容を示すことができたのである。その結果、自らの困難を打開し、幸せになっていくための仲間たちからの精神的な支えだけでなく、具体的な課題解決の武器となる言語能力を習得することで、知識にもとづく社会的権威のヒエラルキーに対しても、ひるむことなく立ち向かっていくことを可能にしたのである。

しかも、具体的な御書の内容については、日蓮が弟子たちの直面することになったさまざまな困難に対して、事細かなかなり戦略的な指示を与えるという内容が主となっている。この点でもさまざまな人生の困難事に対して、単なる理念的に正しい行いを示すというだけではなく、ときとしてきわめて政治的、戦略的な対処を示すという特色をもっている。この点がまた宗教としてどうだろうかという創価学会への非難を招くことになるわけだが、そのような側面からの評価については、後の章でふれることにして、ここではそのような性格をもった「幸せにするシステム」が、結果的にどのような人々を引きつけることになったかについて考えてみたい。

「幸せにするシステム」を必要とした人々

ここで詳しく説明し、解釈してきた創価学会というシステムがもつ特色は、後の章で紹介するこれまでの創価学会研究において指摘されてきたように、地方から都市へと流入し、都市の地域社会には立場をもちえなかった人々や、とかく地域とは無関係に生活する青年層にとって活躍の舞台を提供するものであった。しかもかつて「病人と貧乏人」といわれるくらいきわめて困難な状況にあった（「どん底を味わった」）人々が、その困難な状況に対して積極的に立ち向かっていくことを組織ぐるみで応援するようなシステムとして作動してきたのである。したがって、少なくともその初期においてはそのような人々を組織し、都市に独自の共同体を形成することになったと考えられる。

創価学会はこのように、都市に流入し生活に困難を抱えた人々に、その困難に立ち向かい、前向きに人生を生き抜いていくために必要な生活のリズムと規律を与え、それを維持していけるだけの社会的なつながりと実践的な言語能力を獲得する機会を提供したのである。そのような信仰にもとづく社会的連帯のしくみこそが、創価学会の「幸せにするシステム」に他ならない。しかし、それはきわめて強固なつながりであるがゆえに、社会的な軋轢《あつれき》を生じさせるものでもあった。

信仰にともなう軋轢

これまで述べてきたような「幸せにするシステム」は、いったん学会員になった人にとってはきわめて頼りになるものであるが、外の世界の人々にとってはやはり気味の悪いものであることは否定できない。

選挙のときや唱題会などで多くの会員が一心不乱に題目を唱える姿は、異様といえば異様である。

今はかなりソフトになったとはいえ、激しい折伏や謗法払いが行われたのも事実である。罰が当たると脅すようなこともあっただろう。脱会者に対する監視やいやがらせ、元会員による告発も跡を絶たない。とりわけ他の宗派や宗教に対する不寛容な態度はしばしば問題にされるところである。

今はそのようなこともないのだろうが、他の宗派のお寺がテレビに映っただけでチャンネルを替えさせられたり、他宗のお寺の敷地に足を踏み入れただけで靴を洗わなければならなかったとふりかえる、親が会員であったという人もいる。

それらはいずれも社会的に孤立した人々が内部の結束を固め、かつ外部に対してあきらめることなく、攻撃的なまでに積極的に働きかけるときに生じる「信教ゆえの軋轢」と考えられる。

また、そのように結束を固め、社会的に非常に強い凝集性を持つがゆえに生じる軋轢もある。たとえば、借家人とちょっとしたトラブルがあったとき、相手がたまたま創価学会の会員だったために、仲間に大挙して押しかけられて大変だったというような話などは、よくあることであろう。「彼らはそういうときに徒党を組むんですよ」とは、そういうことを嫌う人がよく口にする言葉である。

また、ある人によると、創価学会の会員である知り合いと一緒に何かの頼まれ仕事に行ったときに、途中で予定していた仕事が終わったので、ついでに別の仕事をやってもらえないかといわれたのだが、それがたまたま自民党の議員さんに関する仕事であることがわかると、その人ともう一人きていた学会員が、きっぱりと私たちはできませんと断ったというのである。もちろん、これはまだ公明党が自民党と連立を組む以前のことであるが、このように、一般の人からすれば、何かのときに徒党を組んで問題の解決に当たることや思想・信条を理由に事を荒立てるようなふるまいは、何かと周囲との軋轢をもたらすものなのである。

創価学会と日本社会の特質

ひょっとしたら、このようなふるまいがことさら軋轢をもたらすのは、日本という社会のもつ特質なのかもしれない。後の章で詳しく紹介するイギリスやアメリカの創価学会では、むしろキリスト教的な厳格さとは異なった、創価学会の座談会などに見られるフランクな雰囲気に魅力を感じるという会員が多い。アメリカの研究では、過激なセクト主義的傾向が強かった新宗教運動の中で、アメリカ社会への柔軟な適応をはたした典型的な教団として創価学会が取り上げられている。他方、日本の社会が異なる文化や宗教をもつ外国人にとって、きわめて住みにくい場所であることは、つとに指摘されることである。

いずれにせよ、日本の社会においては、創価学会のような、はっきりとした思想・信条のもとに社会的に結束した集団は何かと世間との間に軋轢をもたらすものなのである。それは不思議なことに、創価学会がもっとも激しく対立した労働組合や共産党と非常によく似ている。

さて、以上で、ここで扱う創価学会というものが、どのようなものであるかが、概《おおむ》ね理解していただけたかと思う。そこで、次章からはもう少し詳しく創価学会という宗教団体の歩んできた道筋と、これまでの出来事を紹介していきたいと思う。

2章——創価学会の基礎知識

前の章で、すでに創価学会の概略については理解できた点も多いと思うが、本章では改めてその歴史と概要について紹介してみたい。

1――創価学会の歴史

いうまでもなく、創価学会は日蓮の仏法に帰依する人々からなる在家の宗教団体である。日蓮宗自体は鎌倉新仏教以来七〇〇年の系譜をもつので、学会サイドはつねにそう位置づけられることを注意深く避けてきたが、一般には近代以降に数多く興隆した新興宗教の一つに数えられる。

牧口常三郎と戸田城聖

創価学会は戦前、学校の教諭をしていた牧口常三郎が創始した創価教育学会を前身としている。それが戦後、創価学会となり、二代会長戸田城聖のもとで、急激に拡大する。戦前牧口は『創価教育学体系』を著し、文字どおり価値を創造する教育を研究する「学会」として創価教育学会を組織する。しかし、やがてその考えが日蓮の教えに通じることを知らされ、日蓮宗の一派である日蓮正宗に帰依することになる。牧口を慕ってやはり教員となった戸田城聖は、やがて牧口の思想を伝えるため、出版事業を興す。

こうして創価教育学会は日蓮正宗の在家信者組織として、戦前に三〇〇〇人の会員を擁するまでの発展を示すにいたる。

ところが、やがて天皇制ファシズムによる思想統制が及ぶようになると、仏教の各宗派にも神社の神札を祭ることが求められるようになる。弾圧を恐れてこれを受け入れていった正宗側に対して、牧口らはこれを断固として拒否し、その結果、牧口も戸田も獄につながれることになる。すでに高齢であった牧口は獄中に没し、戸田はようやく敗戦の直前になって出獄を許されるが、この弾圧によって会員のほとんどは会を離れ、戦後は戸田が一人でその再建に乗り出すことになる。

やがて二代会長になり、創価学会を飛躍的に発展させる戸田城聖は獄中で法華経を身読(身をもって読む)し、日蓮の教えに確信を抱くにいたったという。日蓮の生涯と日蓮宗についてはは後で簡単にふれることにするが、日蓮が法華経を唯一の教典として重視したことや、有名な『立正安国論』によって体制を批判し、幾多の弾圧を受けたその苦難の中で法華経を身をもって読むことになったことを念頭におくならば、戸田のこのときの体験はきわめて重要である。また、そもそも法華経はインドにおいても、体制側にはない「特殊な集団」によって担われた仏教における革新運動の中で形成されていった教典とされている。この点も法華経と日蓮の仏法、さらには創価学会の特質を知るうえで非常に重要である。それらはいずれもいわゆる日本の仏教としては決して主流とはいえない思想的系譜のもとにある。

また、弾圧によってあえなく崩壊した創価教育学会の限界を戸田は、当時は教員を中心とした知識層の一部にしか浸透していなかったことと、教学が徹底していなかった点にあったと総括する。こうして戦後の創価学会では広く一般庶民に日蓮の教えを徹底していくことが重視されるようになる。すでに述べたように、創価学会が他の新興宗教に比べても、一般信者に対する教学を非常に重視していることは、あまり正当に評価されていない。創価学会では定期的に大規模な任用試験が実施され、教学の研鑽が奨励されている。このことの一般信者にとっての意味については、すでに述べたとおりである。

もう一つ創価学会の特質を規定したこととして、戸田が単なる宗教家というよりも、実業家としての側面を強くもっていたことが指摘できる。戦後戸田がいちはやく学会の再建に乗り出せるのも、出版事業の成功によるものであった。戸田はすでに戦前から『推理式指導算術』という独自の学習教材を著し、出版事業を展開していた。後に三代会長となる池田大作もその有名な自伝的小説の中で、戸田のもとで本格的な学会活動に入る契機を、この出版事業への参加として描いている。

上昇意欲に富んだ民衆にこたえる宗教

以上、創設期におけるこのようないくつかの事情は、創価学会に非常に重要な特質を与えることになる。それは日蓮の生涯にちょうど重なるように、世間からの迫害に耐え、信仰を全うするきわめて凝集性の強い信徒集団を形成したこと、日蓮の残した教えを学ぶという教学が重視されたこと、そして学会組織自体が事業としての側面、言い換えれば大衆の要求をとらえ、それを組織する点に長《た》けていたという点である。

それらの特質はあるタイプの人々を創価学会へと引きつけることになった。それは世間の中であまり主流とはいえない位置にあり、決して認められてはいないが、しかし何らかの上昇意欲には富んだ大多数の民衆とでもいうべき人々である。これまで創価学会の教義は、その実利的な性格をとらえて、宗教としては一段低いかのように論じられることが多かったが、むしろ学会がどのような人々の要求に応えようとしていたかを考えるべきであろう。そのような人々にとってどのような意味をもったかで評価すべきであって、一般的な宗教思想としてうんぬんすることは必ずしも適切ではない。

そこで1章では、牧口や戸田が唱えた教義を検討する前に、現実に会員が何を訴えかけられ、具体的にどんなことを行っているかを紹介したわけである。それでは、もう少しその宗教的な背景について確認しておきたい。

2——日蓮と日蓮宗

創価学会を理解する上でその教義に拘泥することは必ずしも適切ではないが、しかしその背景に日蓮と日蓮宗があることはいうまでもない。とりわけ日蓮の生涯は繰り返し機関誌などでも紹介され、会員にもよく知られており、きわめて重要なものなので、ここでごく簡単に紹介しておこう。

日蓮の生涯

日蓮の出生についてはよくわからないところもあるが、「海人が子」「民が子」さらには「旃陀羅《せんだら》が子」ないし「旃陀羅が家より出たり」と言われている（旃陀羅とは被差別民の呼称である）。現在の千葉県に位置する、とある漁村に生まれたとされるが、後に京都に遊学するのだからそれなりの身分であったと思われる。それを「庶民の出」と言い切るあたりが、日蓮のおもしろいところである。日蓮宗の中には実は高貴な出であったと考えたがる宗派もあるようだが、創価学会の場合は庶民の立場から身を起こしたという点が意識的に強調される傾向がある。

さて、やがてこの日蓮が諸国遊学の末に、故郷の清澄寺《せいちょうじ》にもどり、南無妙法蓮華経こそ唯一の正法《しょうぼう》であると宣言することになる。これを「立宗宣言」と呼ぶ。そしてこの教えを広めるべく鎌倉に向かい、やがて『立正安国論』を著し、この書をもって時の権力者、北条時頼に意見具申（諫暁《かんぎょう》〈譊〉）するのである。その内容は、現在の天変地異などの世の中の乱れはすべて法然の念仏などの邪宗を信じているからであり、ただちに唯一の正法である法華経を奉じないかぎり、二つの大きな災難——自界叛逆難《じかいほんぎゃくなん》と他国侵逼難《たこくしんぴつなん》が起こるであろうというものであった。「自界叛逆難」とは内乱のことであり、「他国侵逼難」とは他国からの侵略のことである。

しかし、日蓮のこのような諫言は受け入れられることなく、かえってこれを聞きつけた念仏者が民衆を扇動して松葉ケ谷の庵室を襲い、日蓮はすんでのところで難を逃れることになる。これが「松葉ケ谷の法難」である。その後、日蓮は伊豆に流され、ようやく二年後に赦免されて鎌倉にもどるが、またしても安房《あわ》・小松原の地で襲撃に遭い、額に傷を負う。これが「小松原の法難」である。

度重なる迫害と法難

やがて蒙古から、後の元寇のきっかけとなる国書が届き、『立正安国論』での自らの主張が裏づけられたことを確信した日蓮は、さらに二度目の諫暁を行う。これについても、表向きは何の反応もなかったが、裏では一部の権力者と結んだ宗教者との間で対立的なやりとりがあり、やがて彼らの企みによって捕らえられ、竜の口の処刑場に送られることになる。ところが、まさにその処刑がなされる瞬間に天空に閃光がきらめき、ついに処刑を行うことができなかったという。これが有名な「竜の口の法難」である。

結局、その後日蓮は佐渡に流罪となり、二年数ヵ月にわたる厳しい生活を強いられる。この間、鎌倉では執権北条時宗とその兄時輔との争いが起こり、日蓮のもう一つの予言、自界叛逆難も的中することになる。また、日蓮はこの時期に多くの著書を残している。その後赦免となり、鎌倉にもどった日蓮は幕府に対して三度目の諫暁を行う。こうして三度国主を諫《いさ》めた後、鎌倉を去り、身延《みのぶ》山中に入り、そこから全国の信者に指導を行うようになる。

実はこの頃をはじめとして、その生涯にわたって日蓮が信者に書き送った手紙を集めたものが、創価学会の会員にとって基本的な教学の原典とされる御書の内容なのである。創価学会では『立正安国論』などの著作以上に、この手紙文からなる御書が尊重されている。その会員にとっての意味合いについては、すでに紹介したとおりである。

日蓮が身延に蟄居《ちっきょ》して以降も、日興上人などをはじめとした日蓮の高弟による弘教《ぐきょう》は続き、その教えは着実に民衆へと広まっていった。そんな中、駿河国熱原郷《あつはらごう》の民衆が数多く入信したところ、幕府の迫害を受け、改宗を迫られながらも、これを頑として拒絶し、斬罪に処せられるという事件が起こる。これを「熱原の法難」という。日蓮は一介の農民たちが権力に屈することなく、信心を全うしたことに感じ入り、「本門戒壇の大御本尊」を建立し、「出世の本懐」を遂げることになる。つまり、立宗宣言以来の志を遂げることができたと確信したというのである。そして、このときに日蓮が図顕した大御本尊こそが、「三大秘法」の大御本尊であり、広宣流布の暁にはこれをおさめる「本門の戒壇」を建立せよというのが、日蓮大聖人の遺命とされたわけである。

こうして日蓮は後を日興上人に託して一二八二年、六一歳の生涯を閉じる。日蓮入滅後、日興をはじめとした六老僧が身延山久遠寺《くおんじ》を引き継ぐことになるが、やがて他の五老僧や地元の地頭とも対立するようになった日興上人は、日蓮の遺骨や大御本尊を持って身延の地を離れ、富士大石《おおいし》ケ原《はら》の地に大石寺《たいせきじ》を創建することになる。これが日蓮宗の富士門流である日蓮正宗となるわけである。やがて日興から日目へと引き継がれる日興門流が、身延の諸門流とどう異なるかというと、創価学会サイドからの理解は次のとおりである。それは日蓮が残したかな書きの御書をめぐる取り扱いに関することである。すでに紹介したように、御書は日蓮が信者にあてた手紙文であるので、その多くが平易なかな書きである。身延はこれを嫌って漢文で書かれた御書のみを尊重したのに対して、正宗はむしろかな書きの御書を尊重したというのである。

以上のように、日蓮の生涯には創価学会のあり方について象徴的な点が多く含まれている。日蓮が幾度となく訪れた困難にもかかわらず、その志を曲げなかったこと、国家の権威に屈することなく、逆にそのあり方に対して積極的な発言を繰り返したことなどは、いずれも現在の創価学会や会員のあり方を語る上でも、しばしば引き合いに出されることである。

さて、創価学会はこのような背景をもつ日蓮と日蓮宗に帰依し、宗派としては日蓮正宗に属してきた。しかし現在では、この日蓮正宗とも袂《たもと》を分かち、日蓮の教えに直接師事することになっている。この点については、後の章で詳しく論じることにしたい。

3——創価学会の組織

次に、創価学会の組織的な特徴について、確認しておきたい。

「機構」と「組織」

次々ページ図1が、公式に示されている創価学会の機構図と組織図である。基本的には中央組織と方面と呼ばれる各地域組織から構成されているように見えるが、実は大変興味深い工夫がいくつか施されている。それらについて紹介する前に、まず、よく指摘される創価学会組織の歴史的な変遷について確認しておきたい。

初期において学会組織は、折伏した人とされた人、すなわち紹介者と新入会者という信仰上の影響関係（これを「タテ線」と呼ぶ）を基本にしていた。したがって座談会に参加する場合も、もともとは住んでいる場所とは関係なく、折伏を受けた紹介者の属する座談会に加わることになっていたわけである。このような信仰上のつながりを組織の基本にしているのは、他の新興宗教にも見られるもので、創価学会も当初はそのような形態をとっていた。

ところが、一九五五年の創価学会の政治進出以降、そのような組織形態の不便さが自覚されるようになる。と同時に、地域的に移動してしまう会員の指導はどうするのかということが問題になったようである。そこで導入されたのが居住地域を単位とした組織形態（これを「ヨコ線」と呼ぶ）である。選挙の際に票割りを行う場合、地域ごとに組織が整備されていないとうまくいかないわけである。また、現在では前述した入会希望カードにもとづく世帯ごとの情報が引き継がれることで、全国どこへ行ってもスムーズに各地域組織が対応できるようになっている。

さて、まず方面と呼ばれる学会の地域組織について見てみよう。

全国で一三の方面があり、その下に県、区・圏、本部、支部、地区、ブロックがある。方面と県が同じ組織をもって並置されていることからもわかるとおり、県単位でまとまりがもてる場合には県、そうでない場合に方面という単位で地方を統括していると思われる。さらに、ある自治体の範囲では、その自治体の範囲を「総区」と呼び、その下に四つ

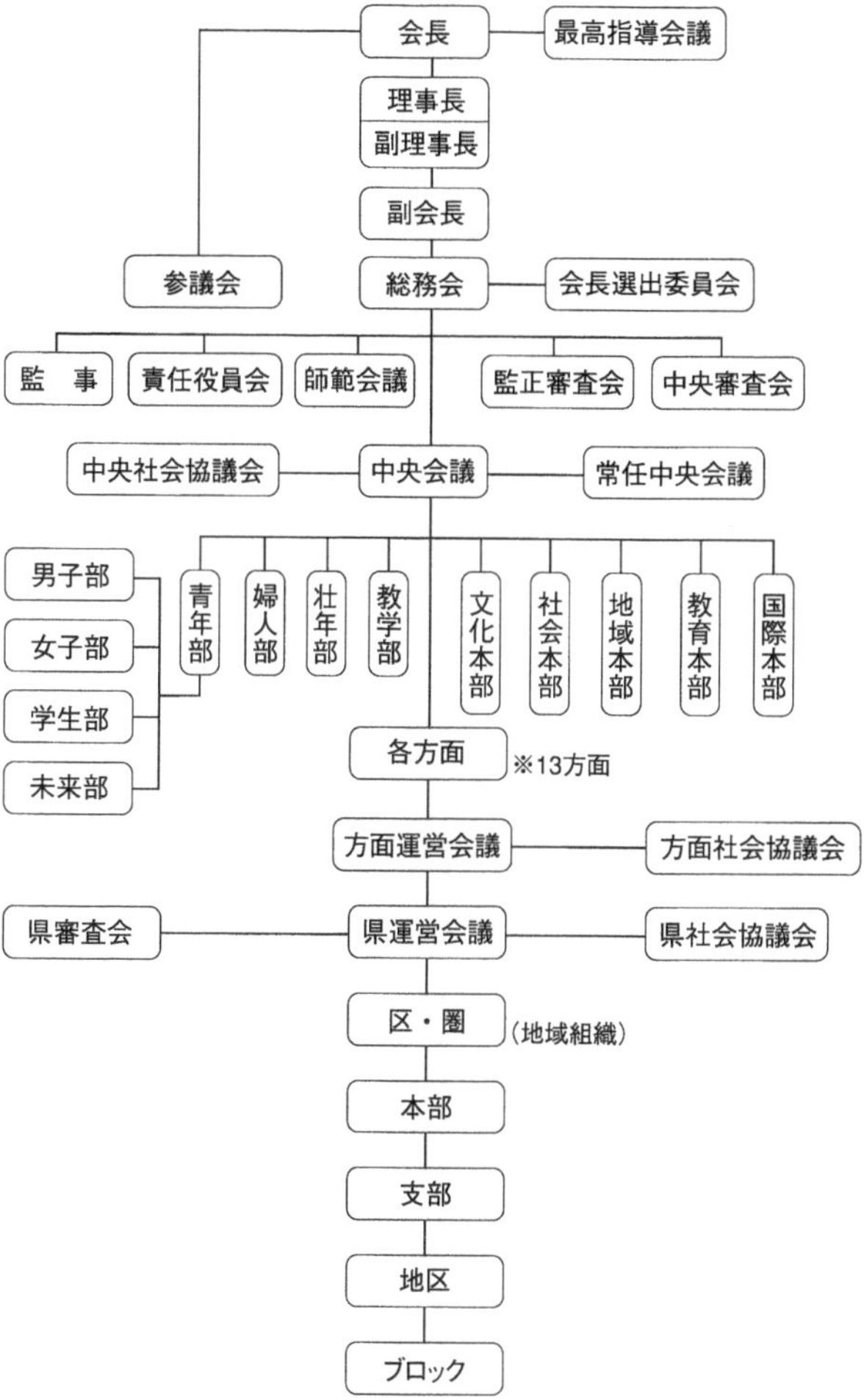

図1　創価学会の機構と組織　　注）創価学会のHPから作成

の「分区」があり、分区の下に「本部」があり、「支部」「地区」「ブロック」と続いている。したがって区・圏のレベルではかなり柔軟な括りになっていると思われる。むしろ本部以下が基本的な地域組織を形成していると考えてよいだろう。現在ではすべての会員がこの地域組織に所属して、それぞれの座談会に参加するのが原則になっている。

ところが、これと並行して年代別には「青年部」が存在し、その中に「男子部」「女子部」「学生部」「未来部」がある。「未来部」のもとには「少年部」「中等部」「高等部」があり、「学生部」にはまたその内部に「男子部」と「女子部」がある。他に「壮年部」と「婦人部」があり、高齢者は基本的にこのいずれかに属しながら、「宝寿会」ないし「多宝会」という集まりも持っているそうである。これら年代別の組織も、すべて地区ごとの括りがあり、人数に応じて支部や本部を単位に活動を行っている。

つまり、地域組織を基本にしつつも、その内部に年齢階梯的な組織をきめ細かに設け、同年代、同性での活動の場を保証しているわけである。創価学会の場合、とりわけ青年部と婦人部の活発な活動がつとに注目されてきた。また、それに対してあまり注目されることはないが、未来部における学会員の子どもたちへの対応には非常に重要な側面がある。前章で紹介した二世会員の事例からもわかるとおり、この未来部での活動を通して学会員の安定した世代的再生産が図られている。また創価高校や創価大学への進学は学会員の子どもたちにとっては、非常に名誉なことであり、会の幹部を養成していく側面を持っている。

さらに、通常の地域組織とはまた違った形でまったく別個に「文化本部」「社会本部」「地域本部」「教育本部」「国際本部」が存在する。これらの本部のもとに、芸術家からなる「芸術部」、作家などからなる「文芸部」、大学教員からなる「学術部」、お医者さんからなる「ドクター部」、さらには何らかの専門職に従事する人からなる「専門部」などがあるという。

「国際本部」は国際的に活動する人たちが集まり、「社会本部」は大企業の職場の集まりとして存在しているという。さらに方面とはまた違った意味で地域的に活躍する人々からなる「地域本部」には、それぞれの地域特性に応じた「団地部」「農村部」「離島部」などの組織があるという。つまり基本的な地区組織では活動しづらいタイプの人々を融通無碍《ゆうずうむげ》に位置づけるような組織形態を工夫しているわけである。

財務と供養

以上のような創価学会の組織形態は、それ自体としても検討の必要のある興味深いものではあるが、ここではもう一つ「財務」について紹介しておきたい。

創価学会には会費というものが存在しない。会員は基本的に日刊の新聞と月刊の雑誌を購読するだけである。このような運営形態をとったことにはすでに戦前において戸田城聖が出版事業を手がけていたことの影響が大きいのだろう。しかしそれだけでは会館の建設や本部の拡充もままならないし、創価学会が宗門から離れる以前にはさかんに行っていた寺院などへの寄進も不可能である。これらの費用はすべて「財務」と呼ばれる会員の寄付によってまかなわれている。この財務は具体的には毎年一二月に銀行への振込期間を設けて一口一万円で何口でもいいというやり方で「ご供養」を募ることをいう。この年一回の財務が会員によってどのように意味づけられているかについては、すでに紹介したごく初期の会員の事例が雄弁に語っているとおりである。少なくとも現在の財務のあり方はこのようなものであるが、かつては比較的生活に余裕のある会員を特別に財務担当として認定していた時期もあったようである。

他に五月三日の記念日に「広布基金」を募っている以外は特別の期間を設けて供養を募るということはない。あとは信濃町の本部を訪れた人が何らかの供養がしたいという場合もあるので、そのための窓口があるだけである。もちろんかつては正本堂建設などのたびに、大規模な供養がさかんに行われた時期もあった。これらの点については、後でふれることにしよう。

4——創価学会と公明党

さて、次に創価学会と公明党について基礎的なことを確認しておこう。

公明党は、いうまでもなく創価学会という宗教団体を主たる支持母体とした政党である。かつては役員もかなりの程度重なっていたし、党の綱領にも宗教的な目的が平気で掲げられていたりしたので、政教一致と批判された時期もあったが、宗教団体が特定の政党を支持すること自体は、何ら責められるべきことではない。よく公明党への批判として「政教分離の原則」が語られるが、これは国家権力が特定の宗教を優遇したり、迫害することを禁じたもので、特定の宗教団体が特定の政党を支持することとは何の関係もない。自由主義の民主主義社会であるかぎり、たとえ宗教団体であったとしても、政治に関わることに何の問題もないはずである。まず、そのことを確認しておこう。そのうえで、公明党設立の経緯について確認していきたい。

政界への進出

創価学会が政治への進出を図ったのは、二代会長戸田城聖の時期である。一九五五年に文化部を創設し、まずは地方議会への進出を果たした。ついで五六年には参議院選挙に挑戦し、三人の当選者を出す。創価学会文化部も、やがて公明政治連盟へと発展し、六四年には公明党として正式な政党組織をとるようになる。

この間、戸田城聖が政治進出の目的として、日蓮が望んだ「広宣流布」の達成の証である「国立戒壇」を建立するに当たって、衆議院で過半数を占め、その議決をもって行わなければならないと述べていたことで、政教分離の原則に反するとの批判を招いたり、最初に参議院に進出した際には衆議院に進出することはないと公言していたにもかかわらず、前言を翻して衆議院にも進出したことから、「ファシズム政党」とのそしりを受けることになる。それでも、創価学会員を中心とした熱烈な選挙運動は大きな成果をあげ、公明党は順調にその党勢を拡大していく。

しかし、やがてこの順風満帆かに見えた創価学会と公明党の躍進が、大きな曲がり角を迎える出来事が起こる。それがいわゆる「言論出版妨害事件」である。詳しくは次の節で紹介するが、藤原弘達の創価学会批判本『創価学会を斬る』の出版を、学会が阻止しようとしたという事件である。公明党の幹部を通じて、当時自民党の幹事長をしていた田中角栄までが、出版の見送りを依頼したということで、国会でも問題にされることになった。そこから改めて、創価学会が公明党を通じて政権に参与した場合、日蓮宗の国教化を図るのではないかという「政教分離の原則」に反するという批判が巻き起こったのである。また、そもそも自分たちに都合の悪い議論は認めないという姿勢に、「言論の自由」という点でも疑義が発せられたのである。

こうして創価学会は言論の自由という点でのいきすぎを認め、公明党との関係についても世間の誤解を受けないように、適切な組織上の区分・整備を行うことになる。しかしながら、この事件を契機に公明党の躍進は頓挫し、六九年の衆議院選挙では四七人の当選者を出し、第三党となっていたのが、七二年の衆議院選挙では二九と、大きくその議席を減らすにいたった。

その後の公明党と創価学会との関係については、後の章でところどころふれることになるが、いずれにせよ創価学会が公明党の主要な支持母体であることに変わりはない。今や政権の一翼を担うようになった公明党が、だからといって政府の権力をもって創価学会の宗教上の目的を達成しようとすることも、実際にそれを実現することも、少なくとも自民党の一部の勢力が靖国神社をそうしようとすることよりは、実現性に乏しいと感じられることだろう。

5――創価学会バッシング

次に、創価学会を語るうえで避けては通れない議論についてふれることにしたい。創価学会をめぐる一連の疑惑とそれに対する批判ないし非難の言説である。創価学会に対するいわゆるバッシングは、すでに紹介した藤原弘達氏の著作に始まると同時に、その出版に対する妨害をめぐるスキャンダルとともにマスコミ・出版界の一ジャンルとして確立したといってよい。その後も人々の興味を引きつける話題が提供され続けていったこともあって、創価学会が何やらうさん臭いというイメージは完全に確立し、それは実態とは必ずしも関わりなく再生産され続けている。

ただし、この点については、公明党が自民党とともに政権与党の一角を占めるようになった近年では、若干様変わりをしているようである。かつては、とにかく創価学会をめぐる疑惑やスキャンダルがさかんに報道され、創価学会が反社会的な団体であることを印象づけるものが多かった。これに対して最近は、有名人の誰彼が実は創価学会員で、それゆえに特別扱いを受けているのではないかというタイプの記事が多くなったように思う。

いずれにせよ、ここでは事実としてどのようなことが起こってきたかを確認することにしたい。それらはすでにかなり以前のことになってしまい、もうよくは知らないという人も多くなってしまったので、まずは事実経過を確認しておきたいのである。そのうえで、ここではその真偽のほどについての判断は行わない。そもそもそれ自体が困難であることもあるが、むしろそのような言説が飛び交うこと自体に興味があるからである。重要なのは、創価学会が真に非難されるべき存在か否かを確かめることではない。なぜ創価学会が嫌われるのか、逆にいえば、なぜわれわれの社会は創価学会のような存在を何やらうさん臭いものとしておくことを求めるのかということを、ここでは問題にしたいのである。

言論出版妨害事件

いわゆる「言論問題」と呼ばれる事件は一九六九年の秋から七〇年前半にかけて話題になった。創価学会が自分たちに批判的な著作の出版に圧力をかけて、これを妨害していたことが問題とされたもので、そのような工作が公明党を通じて自民党の幹事長をも動かしているということで、国会でも追及を受けた事件である。

創価学会が興味本位にマスコミによって取り上げられたのは、別にそれが最初のことではない。戦後「折伏大行進」と呼ばれた急激な会員の拡張期にも、その過程での社会的軋轢についてマスコミが興味本位の取材を行ったことは多かった。しかし単なるマスメディアのレベルでの興味を越えて、いわば社会問題として扱われ、創価学会にとっても本格的な対応が求められたのは、藤原弘達氏の著作の出版をきっかけに注目されることになった、このスキャンダルが最初であった。

それは、政治学者、藤原弘達著『創価学会を斬る』の刊行をめぐって学会幹部や公明党幹部が圧力をかけたという事件で、当時自民党の幹事長をしていた田中角栄までもが公明党の竹入義勝委員長の依頼を受けて直接藤原氏に電話をかけたということで話題になった。共産党の機関紙『赤旗』(現・『しんぶん赤旗』)で発表され、国会論議にまで取り上げられることになる。

藤原氏のこの本の内容それ自体よりも、その出版をめぐる動きの中で、学会サイドからいえば、ただ「正しく書いてほしいという熱情」によるものということになるのだろうが、それらが「言論の自由」を認めない圧力や妨害とみなされたこと、さらには政権政党の有力政治家をも動かしていたことで、公明党という政党と創価学会という宗教団体との間の「政教分離」の問題として国会でも追及を受け、大きな社会問題となったのである。それまでにも他の宗教を邪宗として排斥し、妥協を許さぬ激しい折伏によってファシズム的な組織と見られていたものが、とうとう公明党を通して政治権力にまで手を伸ばそうとしているというのが、現実的な脅威と感じられたのである。それゆえ公然と「言論の自由」と「政教分離」という民主主義の基本的な原則に反するのではないかとの疑いの目が向けられることになった。

田中角栄と美空ひばり

ここで事件の本筋とは関係のないことかもしれないが、現在の時点から見て興味深い点をまず指摘しておきたい。それは田中角栄がこの時点でここまで公明党や創価学会のために動いていたという事実である。藤原弘達という、当時高名ではあったが一介の政治学者にすぎない人物の自宅に、わざわざ直接自分で電話をしているのである。このような並外れた行動力が田中角栄という人物の政治家としての資質であったことはつとに論じられてきたことであるし、その理念や論理をこえた人間的魅力についてはその後、藤原弘達氏自身が語り残すことになる。

さらに、この事件はどうあれ、その後依頼を行ったほうの竹入義勝元公明党委員長が、このときの角栄への恩義の深さを率直に語っていることも興味深い。ここには後の章で詳しく紹介するような創価学会をめぐる言説でよく用いられる表現でいえば、「遅れた庶民の意識」とでもいうべき世界が共有されている。つまり正義や内面的な理念ではなく、人の情に棹《さお》さすようなやり方である。同時に、田中角栄という人物からみると、公明党＝創価学会はそのようなやり方で懐柔できる存在とみなされていたということである。当時、自民党は社会党や共産党などの革新勢力の台頭に対して、何とか楔《くさび》を打ち込むことを必要としていた。田中角栄はその第一のターゲットとして公明党をこの時点でここまで大きく見ていたということである。

そして、現実の歴史はその後、公明党の動きをきっかけに社共の共闘が崩れ、革新勢力が衰退するとともに、時代はめぐって自民党と社会党の連立をはさんで、現在では自民党と公明党が連立政権を組んでいる。重要なのは、この時点ですでに田中角栄が公明党＝創価学会に自らと同じにおいをかいでいたということである。思えば、創価学会と同様、田中角栄に関する報道もマスコミにおいては批判的に取り上げられることで数字のとれるジャンルであった。唐突かもしれないが、美空ひばりも同じような存在であった。これらに共通する背景については、おいおい論じていくことにしたい。

創価学会側の対応

さて、事件の本筋としてはこの「言論の自由」と「政教分離」をめぐって「憲法違反」という批判を受けることで、創価学会や公明党はこれにはっきりとした対処をしなければならなくなる。まず、「言論の自由」についてはこれを尊重することを宣言し、今後言論、出版への不当な介入と誤解されるようなことは一切行わないことを明言することになる。それが創価学会に対するマスコミのバッシングが一つのジャンルとして成立することの条件になったと同時に、その後は学会への誹謗《ひぼう》、中傷とみなされた記事をめぐる訴訟が繰り返されるようになる。

他方、公明党と創価学会の「政教分離」についてはいくつかの問題が整理されていくことになる。一つは公明党と創価学会の組織上の分離である。すでに方針としては出されていたものであったが、言論問題を機に役職兼務の禁止や組織の制度上の分離が図られていく。すでに断っておいたように、憲法が謳《うた》うところの「政教分離」とは、本来国家が特定の宗教と結びつくことを禁じたもので、特定の政党が宗教団体を支持母体とすることを問題としたものではない。したがって、この点はそれほど問題ではない。

しかし、事態はおかしな方向に進むことになる。それは日蓮が布教をまっとうした暁には「本門の戒壇」を設けるべきとしていたことにちなんで、日蓮正宗が目標としてきた

「国立戒壇」の開設が、あたかも公明党が政権をとったときに、国会の議決でもって国立の戒壇を設けるつもりであると受け取られたことによる。事実、以前は創価学会の代々の会長がそのように言明していたことでもあった。そこで創価学会はこの誤解を解くために、「国立戒壇」という用語を否定することになる。

ところが、このことが後に紹介するように、日蓮正宗のより厳格な一派から非難を受けることになってしまう。さらに、七二年に落成した正本堂の建設をもって、日蓮のいうところの「本門の戒壇」は、創価学会の手によって建立されたとみなすことができると主張されることになる。このことがやがて創価学会と日蓮正宗との確執へとつながっていくのである。

批判に共通するイメージ

さて、上記のような創価学会の側での対処のあり方を明確にした七〇年五月の学会本部総会における池田会長の発言をもって、いわゆる「言論問題」は収束を迎えたとされている。しかしこれ以降、創価学会への批判的な言論や出版は定期的に繰り返される一つのジャンルを形成することになる。ここではまずそのことに注目しておきたい。

そして、そこで扱われる話題はつねに次のようなトーンをもつ。創価学会は何やらあまり上品でないことに手を染めている。しかもそれは政治や権力の暗部とつながっていて、非常にうさん臭いものであるというイメージである。

事の真偽はどうでもよい。結果としてそのようなイメージが創価学会にまとわりつくことになるならば、それでよいのである。創価学会をめぐる言説は結果としてつねにそこに落ち着いていく。それは、後の章で詳しく検討するように、創価学会について論じる知識人たちの言説がつねに「遅れた庶民の意識」へと水路づけられていくことと対応している。そこで難詰されるのは、時代によって少しずつ内容を変えていくが、いずれも社会の底辺に位置する人々がやりそうなことなのである。創価学会はつねにそこことのつながりを疑われていく。

ちなみに、かつて立志伝中の人としてもてはやされた田中角栄もそのような扱いを受けた政治家である。すでに不動の地位を確立していた美空ひばりも、かつて恩義を受けた暴力団関係者との関係を清算しようとしなかったとき、そのような扱いを受けることになった。彼ら彼女らをつねにそのような位置に置いておくことで安心する「世論」とか、日本の社会とはどのようなものなのだろう。筆者が創価学会を通して考えてみたいのは、実はこの問題なのである。

それはさておき、事実関係の紹介を続けることにしよう。

共産党との確執と協定

言論出版妨害事件に続いて、世間を騒がせることになったのが、七四年末に密かに締結された「創価学会と日本共産党との合意についての協定」、いわゆる「創共協定」である。これは作家の松本清張が間に入り、当時の宮本顕治共産党委員長と池田大作創価学会会長が会談し、実際には共産党の上田耕一郎と創価学会の野崎勲が中心になってまとめた文書である。内容は表3に示したとおりである。一から七までのうち、最初の三つが相互の組織と運動を尊重し合い、互いに誹謗中傷しないという内容になっており、四が民衆のため、五が世界平和のため、そして六がファシズムの攻撃に対して、互いに協調し、守りあうという内容になっている（七は協定の期間について述べている）。

しかしながら協定の存在が明らかになるとすぐに創価学会側が、単なる「協定」であって「共闘」とはいっていないとことさらに表明し、共産党側の不信を招くことになり、協定はほぼ死文化することになる。それではいったい何のために締結したのかということで、さまざまな憶測がなされた出来事である。その後、学会による宮本顕治宅盗聴事件が暴露されるなどの余波を残すことになる。これらの点については、いわゆる暴露本や告発本の中で、池田会長の個人的資質との関連で言及されることが多く、真相はよくわからな

一、創価学会と日本共産党は、それぞれ独自の組織、運動、理念をもっているが、たがいの信頼関係を確立するために、相互の自主性を尊重しあいながら、両組織間の相互理解に最善の努力をする。

二、創価学会は、科学的社会主義、共産主義を敵視する態度はとらない。
日本共産党は、布教の自由をふくむ信教の自由を、いかなる体制のもとでも、無条件に擁護する。

三、双方は、たがいに信義を守り、今後、政治的態度の問題をふくめて、いっさい双方間の誹謗中傷はおこなわない。あくまで話し合いを尊重し、両組織間、運動間のすべての問題は、協議によって解決する。

四、双方は、永久に民衆の側に立つ姿勢を堅持して、それぞれの信条と方法によって、社会的不公平をとりのぞき、民衆の福祉の向上を実現するために、たがいに努力しあう。

五、双方は、世界の恒久平和という目標にむかって、たがいの信条と方法をもって、最善の努力をかたむける。なかんずく、人類の生存を根底からおびやかす核兵器については、その全廃という共通の課題にたいして、たがいの立場で協調しあう。

六、双方は、日本に新しいファシズムをめざす潮流が存在しているとの共通の現状認識に立ち、たがいに賢明な英知を発揮しあって、その危機を未然に防ぐ努力を、たがいの立場でおこなう。
同時に、民主主義的諸権利と基本的人権を剥奪し、政治活動の自由、信教の自由をおかすファシズムの攻撃にたいしては、断固反対し、相互に守りあう。

七、この協定は、向こう十年を期間とし、調印と同時に発効する。
十年後は、新しい時代状況を踏まえ、双方の関係を、より一歩前進させるための再協定を協議し、検討する。

表3　創共協定の内容

いが、ここでは客観的な出来事の流れを整理することで、判断の素材を提供してみたい。

協定締結の前提に、創価学会と共産党との激しい確執があったことはいうまでもない。五〇年代の炭労（日本炭鉱労働組合）闘争の頃から社会党や共産党の支持者と創価学会の会員が階層的に重なっていて、互いにその支持を競い合う関係にあったことは、後の章で見るとおりである。社会党は大企業や官公庁の組織労働者を中心としているので、共産党と創価学会が特に支持者を奪い合うことになっていた。それゆえ、選挙のたびに熾烈《しれつ》な争いが起こったのである。とりわけ、七〇年の言論出版妨害事件において、これをいちはやく報じたのは、共産党の機関紙『赤旗』であった。国会での追及も当然、共産党を中心としていた。

さらに、このとき自民党の幹事長・田中角栄が動いた背景には、同じ年の四月に行われた京都府知事選で公明党の協力を必要としていたという事情があったとされる。当時の京都府政は革新自治体のモデルを提供したとされる蜷川《にながわ》虎三知事の六選がかかった選挙であった。実際、自民党は自公民の態勢をとって選挙に臨むことになるが、結果は現職知事に大敗することになる。そして、翌五月に池田大作創価学会会長が本部総会で「言論出版妨害事件」に関する猛省を語り、言論問題は徐々に収束に向かうのである。

七〇年代前半は革新自治体の時代を迎え、共産党が大きく党勢を拡大した時期であった。田中角栄の行動からもわかるように、保守勢力にとって公明党＝創価学会はもっとも懐柔が可能な勢力とみなされ、いわば「反共の砦」と評価されていた。それは創価学会が社会党・共産党と同じ基盤を有しながらも、それらと鋭く対立していたからである。

これに対して共産党と創価学会の間をとりもった松本清張には、宮本顕治と池田大作という現代の偉大な組織者が選挙運動のきわめて低次元なレベルで争うことになっていることを残念に思う気持ちがあったという。共産党の側では当初、創価学会は当然反共思想の陣営と考えられていたので、話は学会のほうから、より積極的に進められたようである。また、創価学会としてもほとんど池田会長の一存で極秘裏に進められていたことだけは確かなようである。そして、協定の存在が知られるようになってから、とりわけ公明党の側から池田の決断に対するつき上げが激しくなり、協定をほとんど無効化する発言が相次ぐことになった。この事実をもって公明党が創価学会からはある程度自立した行動をとるようになったと評価する向きもあるが、確かに当初協定を結んだのは池田の意向であり、それを無効化する動きがまずは公明党から起こったことも確かなようである。

しかしより重要なのは、創価学会が共産党と何らかの協定において合意したということが公になったときに、何よりもこれに重大な反応を示したのが、自民党のみならず公安当局であったという事実である。野崎勲はこれを「日本の反共エネルギーが噴出した」と表現し、「私自身、公安当局にマークされたと聞いた」と後に語っている。

協定の内容そのものは、すでに表3に示したように、その大半は創価学会と共産党が互いの組織と運動を尊重し、むやみに誹謗中傷しないというものであったにすぎない。それが主として選挙運動における泥仕合や『赤旗』と『聖教新聞』における応酬を意識してのことであることはよくわかる。その他の内容についても、民衆の福祉と世界平和の実現（核兵器の全廃）は、双方がともに当初から課題としてきたことであるし、「政治活動の自由、信教の自由をおかすファシズムの攻撃にたいしては、断固反対し、相互に守りあう」とする規定も、ともすればともに世間からいわれのない攻撃を受けてきたという経験からすれば、同じ認識にいたっても不思議のない内容である（もちろん「世間」は逆に創価学会や共産党こそがファシズムだと考えがちであるが……）。少なくとも、創価学会サイドからすれば、これで中傷合戦が収まればという程度の認識だったのかもしれない。ところが、たとえその程度であったとしても、共産党と創価学会が何らかの協定を結ぶということは、とりわけ保守勢力や公安当局にとっては重大な意味を持っていたのである。

そうすると、この出来事はとかくいわれるように、池田会長の真意や公明党の存在感などという側面から論ずべきことではないだろう。創価学会という存在が、日本という社会の支配的な勢力からどのように見られ、どのように位置づけられてきたかというメカニズムの一端が垣間見える出来事であったと見るべきである。そして、この時点で創価学会は共産党とは違う道を選んだのである。しかしそれは単純に創価学会が支配側から受け入れられていくことを、少なくともこの時点では意味してはいなかったようである。

6——内部からの告発

次に、創価学会に関する内部告発による言説について見ておきたい。それらはいずれもかつては創価学会の熱心な会員であったり、かなりの幹部であった人物による告発本である。このようなものについても、通常は見られないほどの分量や内容が見られるのが、創価学会の特徴である。これについてはどのように評価するかがむずかしい側面もあるが、結果としてそれが前節で書いた、創価学会が何やらうさん臭いものであることを決定的にするという意味での効果をもっている点は特筆すべきであろう。ここでもまた内容の真偽は問題にしない。そのような言説が生まれてくる背景とそれが再生産されていく理由に注目してみたい。また、それら内部告発の背景となっているいくつかの事件についても、あわせて紹介しておきたい。

創価学会の盗聴・諜報活動

創価学会の内部告発者として、おそらくもっとも有名なのが、山崎正友であろう。彼は学会員として最初に弁護士資格をとった人物として重用され、かつては池田大作の懐刀として活躍した人物である。その後、学会から恐喝容疑で告訴され、実刑判決を受けている。

彼がいまだもって『聖教新聞』紙上などで、創価学会からこっぴどく非難されるのは、学会から離れた後、かつて自らが中心的に関わった創価学会の諜報活動について、告発しているからである。『盗聴教団』という著書の中で、共産党の宮本顕治宅を盗聴したこと、さらには次に述べる宗門との確執をめぐっても同じ手を使ったことが暴露されている。山崎によれば、共産党と協定を結んだのは池田大作の一存であり、その浅慮にもとづく功名心によるところが大きく、事が大きくなるにつれて、途端に保身に走り、事態の収拾を求めてきたという。山崎はかつて池田に「お前は闇の帝王」と呼ばれ、「本気で共産党と闘っているのはあいつだけだ」と評されて、もっぱら学会の陰の部分の処理を担当してきたという。

山崎正友は、他に池田大作個人のスキャンダルをもみ消した経緯などについても、小説仕立ての告発本を続々と出版し、現在でも学会関係の出版物の中で、ひどく非難・中傷され続けている。また以下に紹介する宗門との確執も、今ではすべて山崎正友が仕組んだこととして、学会の刊行物では紹介されている。

宗門との確執——第一次宗門戦争

もう一人、同じ時期に内部告発を行った元幹部に、原島嵩《たかし》がいる。原島の父親は戦前からの会員で、元参議院議員の原島宏治である。彼が創価学会を離れるにいたった背景として、創価学会と日蓮正宗との一連の確執がある。この点は後に述べるように、現在の創価学会の変化を考えるうえで非常に重要な事実なので、内部告発にともなうおどろおどろしい部分も含めて、ある程度詳しい事実経過について紹介しておきたい。

結論からいうならば、もともと日蓮宗の一弱小宗派であった日蓮正宗の在家信者組織として出発した創価学会が、正宗との幾度かにわたる確執の末、現在では日蓮正宗から破門されるかたちで分離し、独自の宗教団体として日蓮の教えを継承するということになっている。それにいたる経緯を簡単に紹介しておこう。

正宗の僧侶と創価学会の会員との争いとしては、古くは戦前に牧口や戸田を牢獄に追いやることになった僧侶を、戦後になって学会青年部がつるし上げたという、いわゆる「狸祭り事件」があった。しかしこれはそれ以降の一連の係争とは直接の脈絡はない。宗門側と創価学会の最初の対立は、七七年に当時学会の会長であった池田大作が行った講演「仏教史観を語る」における発言が、宗門側から見て不適当であるというクレームがついたことに始まる。講演の中で池田が出家も在家も同格であり、学会の会館はいわば寺院と同等のものであると発言したことが反発を招いたのである。

その背景には当時、方々の寺院で学会青年部が僧侶と対立するという状況があったようである。教学について研鑽を積み信教に燃える在家信者である青年部会員から見ると、お寺の住職たちの一般的なありようは何かと不満の種となっていたようである。学会員がお寺の施設を使うことにともなうこのようなトラブルを避ける意味でも、学会は自前の会館を建設していった。他方、当時宗門の側でも若く意識ある僧侶たちが育っていたようで、当時の日蓮正宗の法主であった日達上人のもと、いわゆる活動家僧侶たちが台頭していた。池田会長の発言はこのような心ある僧侶たちに大きな反発をもたらしたわけである。後に「正信会」を名乗るようになるのが、彼ら活動家僧侶たちである。

このときには、学会側が公式見解として「教学上の基本問題について」を発表し、池田会長自らが本山を謝罪に訪れることになるが、それでも収まらず、最終的には創価学会の会長も辞任し、総講頭などの宗門の役職からもすべて辞任することになった。これでようやく日達上人との間で和解が成立することになるのだが、その直後、当の日達上人が逝去してしまう。ここまでがいわゆる「第一次宗門戦争」と呼ばれるものである。

実はこれにいたる前に、創価学会が宗門を軽んずるようになる出来事として原島による内部告発の背景となったのが、例の「国立戒壇」をめぐる問題である。すでに述べたように、公明党による創価学会の政界進出と、無視できないほどに膨張したその影響力によって、日蓮正宗がめざしている「国立戒壇」の建立という教えが、政教分離という点で誤解を招くおそれが非常に強いものになってしまった。そのことを背景に、創価学会が宗門に働きかけて、「国立戒壇」という表現をうすめることを画策したというのである。と同時に、「国立戒壇」に代わるものとして、当時学会が日蓮正宗の本山である大石寺に建設・寄進の計画を進めていた正本堂が、これにあたるものであると宗門側に認めさせようとしたというのである。

そして、これに対して反発したのが、日蓮正宗の中でももっとも教義に厳格な一派である「妙信講」(後の顕正会)であった。妙信講は宗門に対して、正本堂が御遺命の戒壇にあたるとは決して認められないという内容の「諫訴状」を提出し、以後、学会と妙信講との教義をめぐる対立が激しくなる。この過程での日達上人と妙信講との話し合いを、宮本顕治共産党委員長宅と同様に盗聴したというのが、山崎正友による告白である。

ところで、ここでいう正本堂の建設というのは、予定の一〇倍以上の浄財が集まり、大成功を収めた大石寺への寄進活動であり、この創価学会による壮大な正本堂建設をもって「事実上の戒壇建立」が成ったと学会としては考えたのである。つまり、日蓮が七〇〇年前に残した御遺命が創価学会の手で達成されたというわけである。こうして宗門からその お墨付きを取ろうとする学会と、そのような御遺命への違背は許されないとする妙信講が鋭く対立することになる。

「死んでも正本堂の儀式を阻止しようとする妙信講との〝流血の惨事〟」すら予想された状況で、交渉にあたったのが原島嵩であり、何とか『聖教新聞』に「正本堂は、いまだ御遺命の戒壇の完結ではない」という理事長談話を掲載することで、合意に達することができたのであるが、正本堂落慶奉告大法要からの下山のバスの乗客に、池田会長からの伝言として「本日、七〇〇年前の日蓮大聖人の御遺命が達成されました。ありがとう」というメッセージが流されたというのである。「これがもし妙信講の耳に入ったら……その後の諸行事に不測の事態が起こらないとは限」らないと考えた原島は、その打ち消しに奔走することになる。

さらに、原島は第一次宗門戦争のきっかけとなった七七年の講演の前後において、学会側には確かに宗門からの独立を図る動きがあったと証言する。会館が寺院と同等のものであるという発言は、単に会館が学会員の研鑽の場であるという意味ではなく、それまでは総本山や寺院への参詣へと向けられていた人とお金の流れを会館へと切り換えようとするものであったという。事実、後には広布基金を御供養の名のもとに会館で集めるようになる。現在ではこの第一次宗門戦争の時期について、当時はまだ宗門から独立するだけの態勢が整っていなかったとふりかえる学会員も多いので、実際にその意図はあったと考えてよいだろう。そう考えないと以下に述べる第二次宗門戦争での学会側の、ある意味、迅速で決然とした対応が理解できない。

学会側には、多くの寺院や建物を寄進して宗門を守《も》りたててきた自分たちに対する、宗門側の相変わらず僧侶として特権的な地位にあることを当然とする態度が受け入れられなかったと考えられる。それは確かに、原島や山崎が告発するように、伝統的な権威ある宗教に対しては逸脱なのであろうが、しかし本書が論じている創価学会の信仰の本質的な特質からいえば、いわば当然の帰結なのかもしれない。創価学会の信教は僧侶や知識人が安穏としていられるようなものではなく、徹底して庶民の現実的な生きる力とならんとするものなのである。

日蓮正宗からの分離――第二次宗門戦争

さて、「国立戒壇」をめぐる妙信講との対立から、正本堂の建設をへて、第一次宗門戦争にいたるまでの経緯をもう少しふりかえっておこう。正本堂落成の後、妙信講は再び宗門から、「国立戒壇」の名称を使用しないという宗門の公式決定に従うことを求められる。そして、ついには七四年八月に宗門の法主日達上人は、妙信講に対して解散処分を下すことになる。

妙信講の側からいうと、宗門のこのような処分の背景には当然創価学会からの働きかけがあり、日蓮大聖人の国立戒壇建立を放棄するという、御遺命に違背した宗門と学会には、やがて大罰がくだるのは避けられないということになる。それはやがて「自界叛逆」となって現れたというのが、妙信講の解釈である。つまり正本堂の位置づけをめぐる宗門側の対応が学会側に疑心暗鬼をもたらし、妙信講を使って宗門が学会をおさえようとしているのではないかという不信をいだかせると同時に、学会の側にもはや権威を失った宗門からの独立を図るという動きが出てきたというのである。これが第一次宗門戦争の内実であるというわけである。

これらはいずれも内部告発や妙信講側の資料にもとづく解釈であるから、創価学会にはまたそれなりの言い分があるのだろう。しかしいずれにせよ、この一連の騒動は創価学会が政教一致の批判をかわすために「国立戒壇」を放棄したことに端を発している。それは公明党による創価学会の政治進出によって、「純粋な」宗教としてのあり方との間に齟齬《そご》が生じてきたということであろう。後で紹介するように、それはかつて村上重良が指摘していたことであった。このことをどう判断し、そもそも「宗教」というものをどのようなものと考えるべきかについては、本書全体を通じて考えてみたいと思う。

さて、日達の跡を継いで法主となったのが、日顕上人である。日顕は日達上人による創価学会との和解という方針を引き継ぐことになるが、そのためよりきびしい処置を求める活動家僧侶たちとやがて対立していくことになり、最終的には破門という処置をとらざるをえなくなってしまう。ところがその後、創価学会との間にも徐々に亀裂が深まっていくのである。

宗門と学会の対立が再燃するのは、九〇年一一月に行われた本部幹事会における池田名誉会長の発言に関する「お尋ね」文書が宗門側から学会へ送達されるところから始まる。その内容は、六項目にわたって発言の真意を問うもので、要するに池田名誉会長の当日の発言に法主や宗門を軽んじるところがあり、かつて「教学上の基本問題について」や本山での日達上人への謝罪の際に確認されたことが、忘れ去られているのではないかというものであった。

これに対して学会側は、それらの発言内容に関する記録の不確かさを理由に、書面ではなく対話を求めると同時に、逆にここ何ヵ月かの法主や宗門側のふるまいや学会への対応をめぐって「心中にわだかまっていること」についての九項目にわたる「お伺い」文書を送り返すという事態に進展する。その後、両者の間に何度か書面によるやりとりがなされるが、最終的に宗門側から学会側へ、宗規変更にともなう処置として、学会からの総講頭ならびに大講頭などの役職者がすべて資格を喪失したとの通知がなされる。さらにその後、宗門側から「解散勧告書」ならびに「破門通告書」が出され、ここに日蓮正宗最大の在家信徒の団体である創価学会が、宗門によって破門される（九一年一一月）という事態が生じるわけである。

以上が、「第二次宗門戦争」のあらましである。その結果、宗門は改めて正本堂は御遺命にもとづく戒壇ではないと言明し、荘厳をきわめた正本堂の建物は九八年に取り壊されてしまうことになる。

この宗門と創価学会の確執をめぐっては、ここで紹介した二人の内部告発にとどまらず、それぞれの思惑や真意に関する多数の憶測が出されており、いわば泥仕合の様相を呈している。とりわけ『聖教新聞』では、日顕上人を非難する記事がしばしば掲載され、外部の者から見ればいささかエキセントリックなところがある。ここではその真偽を明らかにする意図はないので、引き続きそのことがもたらした結果とそれに対する学会側の対応について、述べていくことにする。

たとえ日蓮正宗の在家組織であっても、創価学会が歴代の会長を中心とした独立の団体であるかぎり、宗門との関係が切れたからといって、そのまま消滅するものでないことはいうまでもない。それにしても、お寺からの破門という処置はそれなりの動揺をもたらしたようで、一時期、会員への説明にはかなりの困難がともなったようである。その際、各会館で衛星放送を使って名誉会長が直接会員に呼びかけることができたことは非常に重要であったという。

また、宗門との関係が切れるとまず困ることは、会員の死去にともなう葬送の儀礼である。お寺から僧侶に来てもらうというわけにはいかなくなるのである。そこで創価学会では「友人葬」という形態を工夫している。専門の僧侶ではなく、友人の会員がお経をあげて仲間を送り出すというわけである。

さらに、最も深刻なのが、御本尊の確保という問題で、本来御本尊は日蓮大聖人がえがいた曼荼羅《まんだら》を、その「血脈を継ぐ」とされる正宗の法主のみが書き写すことができるとされている。一部には池田名誉会長が書けばよいではないかという揶揄《やゆ》もあるようだが、現在までのところ、やはり正宗から破門されたお寺に保存されていた、かつての法主がえがいたものの原本を複写したもので対応しているという。

その他、この宗門との分離にともなって、近年創価学会に大きな変化が生まれてきているのであるが、それについてはまた後の章でふれることにしたい。

３章——創価学会についての研究

これまでの叙述を通して創価学会という宗教団体について、その概要を知ることができただろう。そこで本章では、創価学会に関する様々な議論について、詳しく紹介していくことにしたい。それらはいずれも創価学会研究とでもいうべき議論の数々である。実はそれらの言説を詳しく検討することで、「創価学会のようなもの」に対して、支配的な意味での日本の社会がどのように反応するかがよくわかってくるのである。

1——初期の創価学会研究

まず、ごく初期の創価学会に関する研究について見てみたい。

創価学会の会員数の推移については次章で詳しく検討するが、戦後学会が急激に会員数を拡大するのは一九五〇年代のことである。敗戦は人々の大切な近親を奪っただけでなく、生きていく希望や目当てすら見失わせる出来事であった。そのため敗戦後の混乱期には多くの新興宗教が雨後の筍《たけのこ》のごとく輩出した。まさに「神々のラッシュアワー」である。

創価学会はそれらあまた興隆しては衰えていった新興宗教の中でも、その拡大の勢いが驚くほど長く続いた宗教団体であった。そのため、そのメカニズムに対する真摯《しんし》な探究や問いがこの時期には多く見られる。確かにそのとどまるところを知らない拡張傾向に、それを薄気味悪く思う向きがなかったわけではないが、この時期にはそれに対する攻撃＝バッシングよりも、なぜそうなるのかという素朴な疑問のほうが勝っていた。とりわけ戦後やはり一時期高揚し、やがて頭打ちになりつつあった労働運動などの革新勢力の側からは、自分たちの運動の停滞との比較でその拡張の秘密を明らかにしようという意図にもとづく研究が多く見られた。

したがって、この時期までの創価学会をめぐる研究や言説には、他の時期には見られない貴重な特徴がある。何やら得体の知れないものを解明しようという素朴な探究心と、それにもとづく突撃型ではあるがそれなりに実態へと迫った、地道な取材という努力である。それゆえこの時期の言説には当時の創価学会の実情を知ることのできる貴重な記録が散見される。

しかしながら、そのような真摯な探究とは対照的に、最終的な評価や結論には不自然なくらいお決まりの言説が使用される点にむしろ興味深いものがある。つまり、創価学会が多くの人々を引きつけるのは、独特の方策と工夫によって人々の心情にそれなりに訴えかけているからであることを評価しつつも、しかしそれは一般民衆のきわめて通俗的で遅れた意識にもとづくものであり、人生の深遠な意味を問う宗教としてはいささか難がある、それは決して人々の意識を進歩的な方向に進めるものではないというのである。

それでは、以下に二つの文献を取り上げて、それらの評価を実際に検証していくことにしよう。

佐木秋夫、小口偉一『創価学会——その思想と行動』一九五七年

創価学会について比較的体系的に論じたもので、もっとも早い時期に現れたのが、佐木、小口の著作である。彼らが創価学会を問題にした背景には、二つの事実があった。一つは炭鉱労働者の組織に創価学会が食い込んできたという事実と、いま一つは五六年の参議院選挙で「初陣の創価学会がすさまじい進出をとげた」という事実である。したがって、この著作は創価学会がなぜこうまで人々を惹きつけているのかということの解明を目的としている。

そこで、まず戦後における新興宗教の興隆の中での創価学会の位置づけが考察される。ここでは彼らの宗教に対する基本的な立場が表明されていて興味深い。つまり宗教という

ものの歴史的性格は大きく変わろうとしており、その「近代化は『呪術からの解放』を中心的な課題とした。非科学的な奇蹟の宗教は、現代の社会で市民権をもつことはできない」。それは「『遅れた層』のあいだの前近代的な残存としてかろんぜられる」と述べられている。

そのうえで、日蓮正宗と創価学会の歴史とその理論の検討に入る。ここで注目すべきは、創価学会の創始者牧口常三郎の「価値論」についての検討と評価である。牧口は「『悠長な哲学的思索』『形而上学的な概念の遊戯』に耽《ふけ》る『概念哲学』にたいして、『あくまで経験的な立場から、実生活に即して反省をなし分析をなし思索をし以て真実の姿を把握する』」価値学説を樹立しようとした。その「動機の一つに、アカデミー哲学の不毛性にたいする彼の強い不信が数えられることは見逃がせない」と述べている。さらに牧口の「創価学説」は「新カント学派の『価値哲学』を日本的な生命的自我の哲学の立場から再編成し、さらにそれに『功利主義』の要素を加味することによって、実用的哲学として形成されているものである」と要約したうえで、そのことによって「日本の精神的風土に定着し、……多数の信奉者を獲得しえた」と同時に、「明治以来、禁欲倫理を上から強制されてきた民衆に対して、欲望の充足と解放を理論的に説いた点」で、「従来の日本のアカデミー哲学の停滞性をおもうとき、この学説が相当大衆の心をつかみうることは、怪しむに足りない」と総括している。

さらに、この本のもっともおもしろい部分は、第一一章の「支持する人びと――小市民から労働者まで――」と第一二章の「聖戦の部隊組織――侵略すること火のごとし――」の叙述である。「どういう人たちが、創価学会を支持しているのだろうか。統計はないので、ごく大ざっぱに見通しをつけてみる」としたうえで、「主力は……都市中間層の下層の部分で、労働者もかなりいる。農民の信者もいくらかいる」、若い人が目立って多いこと、婦人の活動が目立つこと、「教師とか警官など、特殊の重要な職業の人もしばしば見受けられる。極端な貧困者が大量に組織されている。さらに炭労の場合のように、基幹産業の組織労働者のあいだにも、相当に入りこんでいる」と指摘する。そして第一二章では、創価学会の組織があたかも軍隊のごとく整然と行動し、「ものすごい機動力と動員力」を示すことが、いきいきと描写されている。

そのうえで結論としては、創価学会の進出に対して炭労や共産党の中にも、自分たちの活動が「下層労働者の要求に十分こたえていない」という反省が生まれてきていることを指摘したうえで、しかしながら創価学会が「正しく発展するためには、その非科学性、呪術性をとりのぞく真剣な努力が必要になるだろう」とし、さらに「もっと重要なのは、ファッショ的な空気をなくすことである」と述べている。

つまり、佐木、小口の言説には、創価学会が労働者大衆を組織しているというきわめて的確な分析と、しかしそのやり方は庶民のもつ実利性や通俗性などの「遅れた意識」に棹さすもので、必ずしも望ましいことではないという認識が示されているのである。

鶴見俊輔、他『折伏――創価学会の思想と行動』一九六三年

鶴見俊輔らが編集したこの本は、その創価学会認識において、類書にない特質をもっている。この本の著者たちだけが、戸惑いがちとはいえ、創価学会を科学的ではないとか、進歩的ではないという類の図式で一刀両断にしようとはしていない。むしろ戦中の意識を引きずりながらも、戦後の新しい方向性を含むものと評価している。その意味で、きわめて例外的な著作といえよう。それは「創価学会についての本を書いてほしいと」いわれた鶴見俊輔が、「信者の暮しかたについてしらべる行動力を持っている森秀人、柳田邦夫、しまね・きよしの三氏と相談して、この機会に創価学会について自分の眼でしらべてみることにした」と述べていることと関連している。いわゆる突撃型の取材がもたらした最良の成果なのである。ここではそのすべてを紹介することはできないが、いくつか印象的な箇所をひろってみよう。

たとえば、森秀人は創価学会の組織では「折伏した者は出世して行く機構になってい

る。一介の庶民が役付になり数十人数百人の頭目になれる。それ自身ひとつの現世的満足であり幸福なのだ」と述べたうえで、「このように、創価学会は現世の利益を目的とした利己主義思想を基点とし」ている点に大きな強味があるとする。そして、このような「御利益第一」主義が「世のインテリから新興宗教として攻撃されるわけだ」が、このことを森は次のように評価する。

「もともとインテリたちは、宗教が遠く清らかな理想を追っているあいだはそれを是認している。だが宗教がいったん現世の利益を追いはじめるともう宗教を決して許さない。その心構の底には、創価学会の信者にまさるとも劣らない」「決して破目をはずさない理性的な教養と知識への」「信仰がこもっている」。それは「不合理を信じない。いや不合理を恐怖する」「正しいことがすべてだ、そう考えるしかないあわれな信者の素顔」であり、「思想はたとえ進歩的でも情念としては保守主義」なのである。

そして、「高見順が、中央公論の昭和三十七年八月号誌上で学会の幹部と」行った座談会を取り上げ、「小市民知識人が創価学会をいかに見いかに恐怖しているかが見事に表現されている高見順の質問を順に並べてみると興味深い」としたうえで、「あまり卑俗な現世利益ばかりを強調すると、信者の精神を高めないで、むしろ逆に低めてしまうような感じを受けるんですよ」「創価学会はなぜ排他的になるのか、なぜ他の宗教を邪教として激しく攻撃するのか」「現実の創価学会の姿は、どうもいわゆる宗教家の態度とは違うような気がするんだな……宗教者であるからには、やはり接するものの気持がおのずと清まるような、何か身に備わったものが出てくるはずだと思うんだな」「低きについている、学会のその追随主義がいやなんだ」という高見の発言を引き合いに出しながら、最後にこれに対して学会側が、「やはり先生には、宗教者というものは清らかで、人格的に立派で、荘厳な顔をしていて……という観念がある（笑声）」と応じている点を紹介する。

そのうえで、「高見順が創価学会に要求する……清く貧しく美しき宗教」は、「高見順およびそれと同じ教養ある人々にとっては望ましい、というよりは安心のいける宗教」にすぎないとし、「高見は寛容というが、寛容を説くことが現代、いかに非民衆的なことかわかってはいないのだ。権力を持ち、資本をもつ者のあのごうまんな非寛容は、まさに民衆の寛容と忍耐の上に成立しているのである。おおらかな気持、なんでも許しちゃう精神、清貧の思想、それこそもっとも望ましい、と考えるのは支配者のみである」と断じている。そして最後に、本来の「合理思想は、今日のごとき傲慢さとは縁がなかった」としたうえで、「創価学会にたいする批判が、もしかかる合理思想のみによって行われるならば、わたしはむしろ学会の大衆の側につくしかないであろう」と述べるのである。

他方、しまね・きよしは「創価学会は『下士官の宗教』だと誰かがいっている」としたうえで、「ニッポンの軍隊は、実力で下士官になることができた。田舎の百姓も、下町の職工も、実力を発揮して、下士官になれば、社会的にえらい人であっても、部下として支配することができた。いわゆる下士官根性は、能力ある人間が世間で発揮できないエネルギーを、ゆがんだ形で発散させるのであるが、そのエネルギーがニッポンの軍隊をささえていたともいえる。そのイミで創価学会が『下士官の宗教』であるというのはあたっていないこともない。戸田会長は、ニッポンの軍隊組織をかりて、創価学会をつくったといっている。下からのエネルギーを吸いあげ、ピラミッド型にヒエラルキーを確立し、全員がひとつの目的にむかって突進する姿は、たしかに軍隊である」と述べている。しかし、しまねはそのことを何ら責めることなく、つづいて戸田会長が「組織の最高指導者の世襲制を拒否したこと」、それが「初代会長牧口の意志でもある」こと、「戸田会長はそれを意識的におこなった」こと、それは他の新興宗教には見られない特徴であることを指摘する。

おそらくこのしまねの指摘なども受けるかたちで、最後に鶴見俊輔は「創価学会は、戦前日本の軍隊、在郷軍人会、青年団、少年団、さらにそれらを最終的に一本に編みあげた大政翼賛運動の思想から多くのものをゆずり受けた。その共同体信仰。行動力。論争形式。それらは、敗戦直後、誰もゆずり受けて住もうとしない廃屋として、誰も利用しようとはしないがしかし依然として存在する国民的慣性としてそこにあった。その国民的遺産をそっくりそのまま、創価学会がゆずり受けたのである」と述べている。さらに、それに続く以下の指摘が興味深い。

「しかし、それら旧日本とおなじ慣性の用途は変えられた。たとえば、天皇家だけでなく……新興宗教……旧仏教……諸芸術流派にまで残っている世襲制度に、一顧だに与えず、これを越えたことである。牧口会長から戸田会長へ、さらにまた池田会長へのバトンわたしは、運動を進める実力に応じておこなわれた……このことなどは戦後日本の民主主義の思想に忠実なものといえよう。……軍事的国家への途を歩む方向のかわりに、平和憲法の擁護を目標としていることも、戦前との明白なちがいである」

さらに、

「指導者の命令に絶対に服従するという意味で独裁主義に向う危険がないでもないが、みずからの世論によって指導者をえらぶという点で、旧天皇制からは区別され、根拠なく、事あるごとにアメリカ政府の指導に服そうとする現在の日本政府の行きかたからも区別される」

と評価しているのである。

最後に、鶴見が「私の親しい隣人のひとりに、創価学会の会員がいて、文字どおり朝晩お題目をとなえて、活力を増して、仕事に出てゆく。お題目をとなえているうちに、仕事のつかれがしずまり、人生に対する積極的な意欲が湧いてくるのが、その声音とリズムによって、明白に伝わってくる。彼は工員である」と述べていることにも、注意を促しておきたい。

2――学術的な研究と評価

次に、創価学会をめぐる学術的な研究について見てみたい。創価学会について本当の意味で学術的な検討がなされてきたのかというと議論が分かれるかもしれない。しかし、少なくともここでは専門の研究者による議論に限らず、客観的なデータにもとづく学問的な検討を標榜《ひょうぼう》しているものを対象とすることにしたい。

それらの中には実際に学会員に対して調査票を用いて独自にデータを収集したものや、何らかの統計的な数値を扱ったもの、何人かの学会員にインタビューを行ったり、学会活動の観察にもとづいたもの、『聖教新聞』の記事や会員の手記を扱ったものなどがある。

しかしながら、それ以上に学会の教義や文献にもとづく宗教思想に対する言及が多くなるのが特徴である。逆に、初期においては見られた学会員一人一人の心情や動機に対する関心は徐々に後退していく。

そして、ここでも興味深いのは、創価学会の教義やあり方が、宗教思想として学術的に疑問や問題の多いものであることが熱心に論証され、批判されていくのである。たとえ純粋な宗教としての要件に欠けるところがあったとしても、現実にそれが人々に大きな影響を与えているとしたら、そのメカニズムを科学的にとらえるという学問的な試みがあってもよいはずだが、学会員一人一人への探究はきわめて例外的なものに留まっている。

それでは、以下にいくつかの文献をあげて検討していくことにしよう。

村上重良『創価学会＝公明党』一九六七年

まずは宗教学者の研究として、村上重良の著作を取り上げよう。この本は「創価学会＝公明党の全容を、その歴史的展開に沿って、客観的、実証的に究明しようとするひとつの試みである」。全体の構成は「法華経と日蓮」から始まり、「日蓮正宗」「創価教育学会」とたどったうえで、後半は戦後の創価学会の展開を「折伏大行進」から「宗教政党・公明党」の成立までを忠実になぞるかたちになっている。叙述内容はきわめて穏当、中立的で、この時期までに創価学会についてさまざまな疑義を生んできたエピソードを詳しく紹介しつつも、批判がましいことは一切いわず、しごく現実的な背景とその評価について論じている。その意味では例外的な著作といえよう。前章で取り上げた創価学会バッシングが一般化する以前のことを知るには最適なテキストである。

村上があえて創価学会への批判的な言説には一切ふれずに、宗教学者として問おうとしたのは、創価学会と公明党の政教一致路線がやがて破綻せざるをえないだろうという見通しであった。宗教と政治はそのままでは相容れないものであり、「公明党の結成以後、政治では妥協するが宗教では妥協しない、という政治進出の大原則が、徐々に揺ぎはじめていることは否定できない。それは、政治進出の教義的根拠を、なしくずしに修正することによって、創価学会と公明党の一体性を維持しようとする、矛盾回避の試みといえよう。しかし公明党自体を支配しはじめた政治の論理は、この教義的根拠の自己分解を際限なく要求しつづけるのみでなく、さらには宗教の枠そのものからの事実上の離脱を指向せざるをえないことになろう」というのが、村上の結論なのである。そしてこのことはすでに紹介した言論出版妨害事件以降の創価学会の迷走と本山との確執を考えるならば、きわめて示唆的な指摘といえる。以下、その内容を確認しておこう。

まず、創価学会の宗教史的な背景となっている法華経信仰と日蓮、さらに日蓮正宗についての説明がある。詳しくは2章で紹介したとおりだが、ここで重要なのは、法華経にしても、日蓮にしても、当時としては決して主流派に属するものではなく、どちらかといえば異端の立場から正統派に対してかなり戦闘的な挑戦をしていくタイプの宗派であったこと、日蓮正宗にいたってはそのような日蓮宗の中でも「反主流少数派の代表的存在」であったことが述べられている。

また、法華経そのものについての疑義や、日蓮正宗がその正統性の根拠としている「大御本尊」や日蓮の遺骨等の、何かとその真偽が論争の的になっている事柄についても、「宗教上の確信は、心理的事実ではあっても、そのまま、歴史的客観的事実であるとはかぎらない。問題は……何を継承し、何を切り捨てたのかを、客観的に追究することにあり、そのための長年月にわたるイデオロギー創造の過程を、歴史的に考察することにある」という立場を取っている。この点でも、とかくこのような側面での疑問を根拠に宗教としての資格を難詰したがる一般的な議論とは一線を画している。これもまた創価学会についての言説としては例外的なものであろう。

同様に、創価学会の創始者牧口常三郎の「価値論」についても、「この哲学は、明らかに新カント派の真善美の価値哲学とプラグマティズムという二つの源流をもっている。真善美の三価値から『真理』をはずして『利』をとりいれたわけである。そして、価値を人間の生活における実用性・功利性からとらえ」たところに特徴がある。「ここに価値論の、欲求充足を肯定する小市民哲学としての本領があった」と論じている。しかしそのために「別の次元で絶対的真理をかかげざるをえないことにな」り、信仰に立脚することになったのであると述べている。このような評価の仕方を、次項の鈴木広の言説などと比べるならば、民衆宗教史の研究者としての村上の独自の立場がよくわかるだろう。

さらに、戦前の弾圧による牧口の獄中死、後の二代会長戸田城聖の投獄と宗教体験、戸田による再出発と「折伏大行進」と呼ばれた戦後の急激な発展、そしてその過程で起こった「狸祭り事件」と「小樽問答」という出来事などについての過不足のない解説がなされている。

「狸祭り事件」とは戦中の弾圧の原因をつくった僧侶を戸田が青年部員を使ってつるしあげ、謝罪させた事件で、一般に学会の暴力的な体質を示すものとしてよく引証される。他方、「小樽問答は、創価学会の折伏攻勢に直面した既成宗教側の反撃によって起こった象徴的な事件であり……小樽市公会堂で、両者の公開討論会が開かれることになった」もので、当日学会側は会員を大量に動員し、衆をたのんで日蓮宗の僧侶を立ち往生させたという出来事である。これも一般には学会のファシズム的な体質を示すものとしてよく引き合いに出されるものである。村上はこれらについても、前者は戸田が「日蓮正宗にたいする事実上の支配権を手中におさめようと」、「暴力への宗門内外の非難をあえて甘受しても」断固実行したものであり、後者についても入念な計画をもって対処し、その成果を十二分に活用した事例であると冷静に評価している。

また、戸田が「水滸会」と呼ばれる選りすぐりの青年たちを集め、『水滸伝』などの小説を教材に青年幹部を直接指導・育成したことや、それら青年信者を鼓舞するために行った劇的な演出についても紹介している。「男女青年部員一万名の大石寺総登山が行なわれ、富士の裾野で『閲兵式』が挙行された」。青年たちが分列行進しながら軍歌調の歌を合唱するところを、戸田が白馬「銀嶺号」にまたがって閲兵するというもので、「空にはチャーターしたセスナ七〇号機が飛」ぶという大がかりなものであった。やはりこれも天皇を模した創価学会のファシズム的な体質を示すものと揶揄されたものである。それらはいずれも、その後の「創価学会バッシング」の中で繰り返し問題にされた出来事であり、それらの事実を事実として確認するうえでは、最適なテキストといえる。

そして、この著作は後半、創価学会の政治進出にともなう教義上の変質過程を細かに追っていくことになる。

前述したように創価学会は一九五五年の地方選挙で初出馬し、東京都議会などに議席を占めるようになる。翌五六年の参議院選挙では三名の当選者を出し、初めての国会進出に成功する。この時期「創価学会は、政治進出の目的として三大秘法の本門の戒壇建立、すなわち国立戒壇論を正面におし立て、天皇帰依にかわる民衆折伏をつうじて、国会で多数を獲得し、国会の議決によって本門の戒壇を建立するという、下からの日蓮正宗の国教化を唱え」ていた。「三大秘法の本門の戒壇」とは日蓮が言い残したとされる遺命で、「王法と仏法が合致し、一国の支配者も民衆もこの宗教を信仰し、理想の世界が実現したときに、本門の戒壇が建つ」といわれているものである。戸田城聖はこれにちなんで、「広宣流布」が成就したとき、天皇陛下のお使いが来て、正宗の富士大石寺の不開門《あかずのもん》が開くと述べていたが、かつてのような天皇の帰依によるのではなく、民衆折伏を通じて多数を占めた国会の議決によって本門の戒壇を建立するという「国立戒壇論」を打ち出していたのである。そして、戸田の死の直前に催された五八年の本門大講堂の落慶の際の大法要には、岸信介首相の代理が祝辞を送り、安井誠一郎東京都知事が参列した。

戸田の後を継いで第三代の会長となった池田大作は、政治進出の方向をさらに進め、六一年には公明政治連盟を発足させる。六三年の都知事選では自民党系無所属の東龍太郎を支持し、翌六四年にはそれまで公言していた「衆議院進出の意志はなく、政権獲得を目的としないむね」を翻して、いよいよ公明党を立ち上げることになる。しかしながら、これにともない「創価学会では、国教化の意図を露骨に示す『国立戒壇』を『民衆立の戒壇』

といいかえ、さらには、国立戒壇など主張したことはない、というまでになった」という。さらに同じ六四年には正本堂建立の計画が明らかにされ、「正本堂は本門戒壇堂にかわる『事実上の戒壇建立』であると意義づけられ」ることになる。そして、この正本堂建立のための御供養が大々的に取り組まれることになり、予算三〇億のところ、実にその一〇倍以上にあたる三五五億円もの浄財が集められることになる。

この間の創価学会の前言を翻しての衆議院進出という手法が、後に政治学者・藤原弘達などにナチスのそれを想起させ、ファシズムによる民主主義の破壊を疑わせたり、「国立戒壇」の放棄と正本堂建設による「事実上の戒壇建立」という表明が、宗教上の教義の歪曲として宗門内の確執をもたらすことについては、すでに紹介したとおりであるが、それはまさに村上がここで「本質的な解決を、すでに迫られている」と指摘した「政教一致路線が内包する矛盾」であったと考えてよいであろう。

鈴木広「都市下層の宗教集団」一九六三年、一九六四年

日本の社会学者による創価学会を対象とした本格的な社会調査として、ほとんど唯一のものといえるのが、当時九州大学に在籍していた鈴木広が行ったものである。彼らは六二年夏から秋にかけて「会の本部および九州地方本部の諒解の上で」「(1)会の各種会合への

出席　⑵会員名簿による標本に対する面接調査　⑶幹部との面接聴取」という三つの方法で調査を行った。とりわけ⑵のサーベイ調査では「福岡市在住メンバー約二万世帯から、大商店地区、住宅地区、零細商工業地区の三地区を層化し、それから会員数による比例配分で四五〇の標本を無作為に抽出した」という本格的なもので、きわめて貴重なデータである。

鈴木は、この結果をまとめた論文の中で、まず創価学会に注目する理由として、世間の耳目を集めている激しい布教＝折伏活動、軍隊組織と類似した独特の組織行動様式に見られるファッショ性、選挙による学会の政治進出の三つをあげている。そのうえで、参院選全国区での得票動向や自らの調査データの分析にもとづいて、次のような分析結果を明らかにしている。

一つは労働組合などと同様に、「都市型」の組織であること。二つには少なくとも「福岡市における創価学会会員の階層的帰属は、零細商業、サービス業の業主、従業員と、零細工場、建設業の工員、単純労働者などが、その中心であ」り、「都市型旧中間層の下層部分と、各業種の賃金労働者の下級の部分とからなる」「都市下層」の宗教集団と見ることができること。そして、この都市下層は当時の日本の「都市社会の二重構造のいわば底辺を構成する諸階層からなり」、高度成長にともない村落から都市への地域的な移動を経験した人々であること。彼ら彼女らはその過程で、「いわば共同体の崩壊感覚として自己を体験する」。そして、「何でもうち明けられる本当の親友が」「学会内にいる」という回答の比率がきわめて高いことから、座談会がこのような人々にとって失われた「第一次集団の回復の体験」をもたらしていると指摘している。

他方、創価学会の組織としての特質として、会員の高い階層上昇意欲の存在を指摘したうえで、組織内における実力本位にもとづく昇進制がそれを満たしていること、したがって組織内で高い地位についている役職層が、会に対する同調性がきわめて高いことを指摘している。

以上の調査データにもとづく鈴木の指摘は、きわめて説得力があり、魅力的である。しかし鈴木の探究は、なぜかこのきわめて興味深いメカニズム――会員による「第一次集団の回復の体験」や「階層上昇意欲を反映する」昇進制のあり方、そのものについてのより詳細な実証分析へと向かうのではなく、創価学会への入会者が示す「態度変容」に関する理論的な考察として、社会移動の効果や「アノミー（急激な社会移動にともなってよりどころを見失うような状態を示す社会学用語）」に関する議論、「予言の自己成就」などの社会学的な命題がちりばめられた一般的な言説に終始していく。

また、「信念体系」として、次のような創価学会の宗教的内容についての考察がなされている。鈴木はまず牧口の『価値論』に戸田が加筆したと思われる部分を取り上げ、牧口においては「科学に裏づけられ真理を基礎にした生活原則」であったものが、戸田においては「『幸福の内容は価値である』が『真理は価値ではない』」とされ、「宗教は認識の対象――即ち学問の対象ではなくて、直ちに信じて生活の上に実践される評価の対象である」とされている点を指摘する。そのうえで、「幸福・価値は真理や学問とは関係がないという通俗化が……公認された教義の特質」であり、「このことは会の信念体系が真理とは関係がないこと、『科学の対象ではなくて直ちに信じて』行うべき主観的なものの体系にすぎぬことを告白するもので」あると断じている。

さらに、進んで、創価学会の信念体系のもついくつかを、次のように見事に整理してみせる。

(1)かつて家族主義と権威主義によって抑圧されていた日本人のもつ感覚的欲望の満足と利己主義という要素に、最高の正当な価値と解放の論理を与えた「欲望主義」。
(2)そのことで個人化するのではなく、生活を集団化し普遍化することで、個々人の生活に客観的な体系と規律を与えた「生活規律」。
(3)同時に折伏による社会参与をうながした「生活の社会化」。(以下、略)

この整理を素直に読むと、戦前の家族主義と権威主義を打ち破り、個人主義的な欲望を解放しただけでなく、それらに集団的な規律を与え、社会的な活動をうながしているということになる。それはまさに戦後の日本社会がめざした方向といえなくもないが、鈴木は、「以上の諸特質に対して科学的合理的に批判を加え、宗教の宗教性を論証することには余り関心がない」と述べるにとどまっている。

以上のように、鈴木の言説はそのデータ分析における魅力的な社会学的解釈とは対照的に、創価学会の思想的な側面については、牧口や戸田の叙述内容に対して科学的でないという批判を浴びせるにとどまっている。たとえ叙述内容そのものはそのように断じることのできるものであったとしても、それが現実の会員たちの生活の中でどのような意味をもつのかについては、鋭くその内実に迫りながらも、それ自体にはあまり関心を示さないのである。

同様の傾向は、他の知識人とされる人々の言説にも確認できる。次にその好例として、やはり社会学者である塩原勉と哲学者としての梅原猛の所論について見ていきたい。

塩原勉「創価学会イデオロギー」一九六五年

鈴木広と同様、この世代を代表する社会学者の一人である塩原勉は、その論文の中で、創価学会の台頭について、「それは、体制内での利益配分をめぐってインタレスト政治に有効に参与できないところの、しかも、地域的・階層的移動がひきおこす不安定をもっともふかく危機的に体験しているところの、都市における中・下層の流動未組織部分を主軸にして、その他に挫折した人びとをも派生的にまきこみ組織化しながら、宗教的政治運動となってきたのである。……自己の社会的地位を回復維持ないし向上させようと熱望する個人や集団に共通な憤りに訴えてゆく運動……なのだと、一応はいってもよい」と、やはりきわめて的確に分析してみせた後で、ここでもその社会学的な実証ではなく、創価学会のイデオロギーの批判へと進んでいく。

塩原は、まず牧口がその価値論において「認識作用と評価作用を区別して、認識作用は手段なのだから、真偽のカテゴリーは価値と無関係だとし」て、真善美のうちから真をはずして利を加えることを指摘する。そして、「〈美〉は部分的生命に関する感覚的価値、〈利〉は全人的生命に関する個体的価値、〈善〉は団体的生命に関する社会的価値、と考えられている」としたうえで、真善美ではなく美―利―善という価値順序が構成される。そのうえで具体的な生活行動の範例が作られていることを、まずは「高踏的なアカデミー哲学に背をむけ、徳目主義の形式主義を侮蔑した一人の明敏な在野の学究が、民衆の実感がこもった生活モラルと説得の論理を系統的に原則化した努力は注目されねばならない」と評価する。つまり、とかく真と美にこだわり、人々の利にもとづき善を説こうとはしない日本のアカデミズムに対する批判の哲学であると評価するわけである。

しかしそれは真を捨てることで、何ら現実に根拠をもつことができなくなり、哲学から宗教に飛躍せざるをえない。結果として牧口の価値論は、全体は部分に優先するという「和合ヒエラルキアの論理」になってしまうというのである。

そして、塩原の批判は牧口がたどりついた日蓮正宗法華経へと展開する。法華経は本来の原始仏教とは異なり、格別に大乗的なものである。「ほんらいの原始仏教は、世俗の営みをはなれた出家の修行と悟りを中心に……瞑想的に自己解脱へ努力する」のに対して、大乗仏教は「達人的修行によらないで、世俗のままで大衆が真如への合一に導かれるという信仰である」。とりわけ法華経は「つよい危機意識をもった排他的なグループとともに発達し、そこから次第に」形成されたもので、猛烈な自己礼賛とははなはだ不寛容な特徴をもつ末法思想である。そしてこの末法思想に特有な思考様式が、「選択と方便の論理」であり、「理にたいして事行を重んずる行動的な反主知主義のもつ革命性」であると論じている。

塩原の言説には若干理解しがたい部分もあるが、その立場についてはかなり明確であり、鈴木広や次の梅原猛とも共通するところがあることがわかるだろう。

梅原猛「創価学会の哲学的宗教的批判」一九六四年

梅原は、当時の知識人が創価学会を簡単にファシズムだと決めつけることを、「宗教や哲学を真面目に問題にすることをはばんでいる」風潮によるものだとしたうえで、「創価学会を真面目に、宗教、哲学として取りあげたい」という。そして「創立者牧口常三郎において、新カント派に影響を受けた価値論」と「大成者戸田城聖において、日蓮の影響を受けた生命論」をその検討の対象とする。

まず、牧口の価値論については、新カント派あるいは多くのヨーロッパ哲学が価値を真、善、美という三つないし聖を加えた四つを基本と考えたのに対して、真と聖をのぞき、利を加えて、美利善という三つの位階秩序を構成していることを指摘する。梅原はこの点に銀行頭取でもあった左右田喜一郎の影響を見ている。そして「真を価値からはずした牧口常三郎の隠れた動機」を、「学者は価値として真を求める。しかし民衆の腹はそれだけではいっこうにふくれぬではないか。この真の価値の否定は民衆の幸福と直接につながらない真理を追求している当時の日本の学問にたいする牧口の批判から生れたものであろう」と述べたうえで、塩原と同様に（というより、塩原のほうがむしろ梅原に依拠しているのだが）、牧口が整理した「十の価値評価の規準」を「今だかつて日本の哲学者がこれ程迄に抽象的な理論を明確な民衆の生活の指導原理としたことはなかった」と評価している。

しかしながら、「真を価値の座からしりぞける牧口の理論は、実践的な結果として、真の価値をそれ自身として求める人生態度を否定するという事になる。創価学会ではしきりに空理空論にふける学者への攻撃がなされるが、利を尊ぶ創価学会は……あまりに近視眼的である……今後人類はあくまでも科学的な真理にもとづいて出来るだけ理性的に戦争をさけ、人類全体を平和と繁栄の方向に持って行くという方向をたどらねばならない以上、価値の座から真を引きおろした創価学会の価値学説は世界の指導原理として好ましくないものと云わねばなるまい」と断じている。「同時に美を部分的生命に関係する価値とする牧口の価値論」に対して、美は「ある場合には利以上に全生命的な対象にたいする関係の仕方になりうる」ものであり、「現在逆に美と真の価値を強調する必要があるように思う」と論じている。

ついで、戸田が依拠する日蓮の生命論については、「排他性を持たない慈悲の思想、そして一人の例外者もなく、山川草木に到る迄仏になりうる可能性を主張する思想、それこそ……新らしい世界の指導原理になり得る可能性をもつ思想であると思う」と評価したうえで、創価学会は法華経や日蓮、シャカに固執しすぎるという。すでに「近代科学の成果である文献学」によって法華経がシャカが死んでから編纂されたものであることは明らかであるし、「普遍的生命の思想」は別に法華経のみに表現されているものではない。にもかかわらず、創価学会は「あまりにも排他的であり仏教的でなさすぎる」。「本来普遍的な生命論であった日蓮の教えが、あまりに狭い法華経への依存によって排他的な善悪主義に堕してしまっているのである」と批判するのである。

塩原とは違って、梅原の論理は明快である。ここでは順序を入れ換えてしまったが、むしろ塩原が梅原の議論に多分に依拠しているのである。そう考えると塩原の議論も理解しやすくなり、そこには知識人による創価学会批判の一つのパターンが見えてくるだろう。

ホワイト『創価学会レポート』一九七一年

鈴木広の研究が、不十分ながらも、ほとんど唯一といってよい日本の研究者による創価学会の本格的な社会学的調査研究であるのに対して、アメリカの研究者による日本の創価学会研究として、いまだもって最高水準にあるのが、J・W・ホワイトの『創価学会と大衆社会（The Sōkagakkai and Mass Society）』一九七〇年である。この本はその翌年に早々と宗教社会学研究会によって『ホワイト調査班の創価学会レポート』というタイトルで翻訳されている。にもかかわらず、その後の創価学会研究の中ではあまり言及されることのない名著である。本そのものが手に入りにくいということもあるが、そのような扱いを受けていること自体が、やはり何かを語っていると見たほうがよいものである。

この本はまずその問題設定において、当時一世を風靡《ふうび》していたコーンハウザーやリプセットらの「大衆社会論」の図式にもとづき、日本の創価学会に集《つど》う人々がそこでいう「大衆人間」といえるのか、創価学会は「大衆運動」といえるのかを問おうとしている。

ここで当時の「大衆社会論」をめぐる学界の動向について、少し解説しておかなければなるまい。六〇年代という時代は、まだ戦前のファシズムの記憶や戦後の共産主義陣営の動き、さらにはマッカーシズムの狂騒など、大衆がときとして全体主義的に行動することに対する恐怖が強く、その原因を解明することが求められていた。それに答える有力な議論の一つが「大衆社会論」であった。地縁や血縁を基盤とした伝統的な社会が近代になって解体されたことで、人々は新しい集団形成を必要としているが、多くの人々はいずれの集団や組織にも帰属することなく、砂粒のごとく孤立したマス＝大衆をなしている。そのような状況では、何らかの人々をひきつける人物や言説が現れたとき、全体主義的な運動が湧き起こり、民主主義が危機に瀕することになるという議論である。

したがって、ホワイトはまさにこの時代に日本の知識人の多くが創価学会に対して抱いていた疑いの念を、社会科学上の問題として定式化し、それを学問的に検討しようとしたわけである。ならば当然、その結果は多くの知識人にとって興味深いものであったはずである。

しかも、本書の第一部にあたる1章から8章にわたる部分の内容は、創価学会が成立した背景、その展開の歴史と信仰内容、学会員の社会経済的属性、学会組織の特質と急激な拡大の秘密、政治活動としての公明党との関係などを、学会に関する文献資料や文書資料、鈴木広のそれなどを含むおよそ二四にわたる世論調査や独自調査の統計的な分析、池田大作本人を含む学会代表者への面接調査や、座談会などへの出席にともなう一般会員へのインタビュー、さらには参議院選挙などの選挙統計の分析によって、徹底的に調べ上げたもので、いまだもって、いやこれからもこれ以上の分析は不可能だろうと思われるほど見事な内容である。何ゆえこの本が、少なくとも六〇年代までの創価学会研究の決定版としての評価を受けてこなかったのかが、何とも不思議なほどなのである。

さらに、そのような最高水準の科学的検討の結果はいかなるものであったかというと、確かに五〇年代までの創価学会には、世間から非難されても仕方のないような暴力的な布教や極端な行動に出る学会員がいなかったとはいえない、しかし、とりわけ池田会長就任後の大きな変化として、そのような傾向は急激に克服されており、現在の学会員は孤立し疎外された「大衆人間」とはいえず、創価学会の行動もファシズム的な「大衆運動」とはとてもいえそうにない、というのが結論なのである。今後の創価学会は、これまでのように他の宗教や宗派の人々を折伏によって強引に改宗させることはできないであろう。むしろ、家族を単位としてすでに会員である人々の子どもたちを新たに迎え入れることによって維持される組織へと変化していくだろう。それゆえ社会的にも、政治的にも、社会全体の中にある程度の位置づけを模索することになるだろうと述べている。

ホワイトの本の出版が七〇年であり、その翻訳が出たのが七一年である。すでに見たように、この一九七〇年という年は、創価学会の歴史にとって転機となる年であった。藤原弘達の著書『創価学会を斬る』の出版をめぐって、いわゆる「言論出版妨害事件」が巻き起こり、創価学会への非難が一挙に高まっていく時期なのである。すでに紹介したように、この時期以降、マスコミを中心とした「創価学会バッシング」が一般化していく。そこで創価学会への非難として繰り返されることになるのは、ホワイトによれば、五〇年代までは決してなかったとはいえない学会の暴力的な体質であり、強引な折伏にともなう軋轢であった。また、藤原弘達が本気になって告発しようとしたのは、ホワイトがまさに学問的に検証しようとした創価学会のファシズム的な性質であった。

これに関するホワイトの結論は、すでに見たように、少なくとも池田三代会長の就任以降、そのような性質は変わりつつあるというものであった。したがって、本来ならば、ホワイトの綿密で学問的な検討の結果、藤原やマスコミが心配するような傾向は、当時の創価学会においては薄まりつつあるという認識がもたらされてもよかったのかもしれない。しかし、事実はむしろホワイトの研究そのものがあまり言及されることなく終わったのである。

杉森康二『研究・創価学会』一九七六年

実は、七〇年以降、創価学会に関する学術的な研究そのものがあまり見られなくなる。大学の研究者の仕事としては、この次に紹介する谷富夫のものぐらいである。そもそも本格的な実証研究は谷富夫の指導教官でもあった鈴木広のものしかないのであるから、それほど特筆すべきことでもないのかもしれないが、七〇年以降、創価学会は大学の研究者がまともに取り組むべき研究対象ですらなくなったということなのかもしれない。これ以降、創価学会に関する出版物はジャーナリスティックな批判本やセンセーショナルな告発本が圧倒的となる。そんな中で、杉森康二の『研究・創価学会』だけが学術的な体裁をとっている。

杉森は七〇年以降に起こった創価学会をめぐる諸事件——言論問題や共産党との協定をめぐる問題——などにもふれながら、とりわけ言論問題が、創価学会が一般世論を意識して、これに適応しはじめる契機となったことを比較的好意的に紹介している。そして、ホワイトと同様に、そのような動きは別に言論問題があったからというわけではなく、池田会長就任以降の方針として学会が前もって打ち出していたものであったとする。そして、次のような興味深い指摘を行う。

まず、杉森はホワイトの『創価学会レポート』などに依拠しながら、学会員の構成について分析する（にもかかわらず、杉森がホワイトが分析した中心的な問題――創価学会は大衆運動か否か――には一切ふれていない点が興味深い）。そして、「学会が都市中心の組織であるとともに、主婦、労働者、サービス業従事者を中核とする〝民衆的組織〟である」ことや、ホワイトが調べた頃よりは高卒者の割合が上昇するとはいえ、大卒者の比率はそれほど高くなっていないことを指摘する。そのうえで公明党支持者に関する意識調査の結果などにもとづき、その「生活意識の保守性、あるいは伝統的性格」に注目し、「いわば〝農村的〟あるいは伝統的意識をもった都市住民層が」中心になっていると結論する。

そして、敗戦によって生じた思想的な空白は、知識層においてはヨーロッパで生まれた政治・社会思想である民主主義思想によって埋められたが、非知識層には容易に定着しなかった、そこでは「わが国において米作農業を軸として形成された村落共同体の倫理と結合し氏神化した仏教の思想」としての〝土着仏教思想〟が、「敗戦後の社会で民衆の生活思想として再生された」のであるとしたうえで、「すなわち、アメリカの占領政策と結合して上から与えられた民主主義思想と、下から民衆的に再生された〝土着仏教思想〟という二つの思想が、敗戦後の混乱した社会状況のなかで人々に生きるための信念を与えていったのである」と論じている。

さらに、ホワイトが引用した鈴木広の調査結果を引きながら、鈴木と同様に、「地方から大都市に移住した人々にとって共同体的な存在への必要性は……強烈であった。それゆえに、都市という情況のなかで、人為的に共同体＝コミュニティの場を提供する集団に、それらの人々が共鳴し、参加してゆくことは必然的ななりゆきといってよかった……創価学会……こそ、都市におけるコミュニティづくりを最も積極的に行い、この日本人の心理情況に応じた組織原理を忠実に、効果的に実施した団体であったといえる」と論じている。

そのうえで、「高度経済成長時代が終りをつげ、同時にその過程において大都市に流入した人々が都市生活になれ、職場や学校や地域において社会的なコミュニケーションの場に参加する度合が強まるにつれ、孤立化ゆえに組織に参加するという状況が弱まってきた」と指摘している。それゆえ、現在においてはこれまでとは違った課題に対処しなければばならなくなっていると結論づけている。

ここで注目すべきは、ホワイトや杉森が気づいているように、創価学会などの新興宗教が急激に拡大していく時期が終わりをつげ、創価学会もその性質を変える必要を感じはじめた時期と、世間が創価学会の台頭を認知し、ことさらにこれを非難しはじめる時期とが、いずれも一九七〇年前後であったという事実である。そして、この時期は後の章で詳しく分析するように、実際創価学会の会員数が頭打ちになる時期であった。その変化とはいかなるものであったのか。引き続き、最近の学術的な検討を参考に、この点について考えてみたい。

谷富夫『聖なるものの持続と変容——社会学的理解をめざして』一九九四年

九州大学で鈴木広の指導を受けた谷富夫は、宗教的な現象の社会学的な研究を行っている。その著作の第5章が「創価学会をめぐる人間類型」である。そこでは、七四年一年間の『聖教新聞』に掲載されたすべての体験記事五九四件中、データの不備などを除いた四九六件を対象に、「入会者をその入会理由と階層的属性との相関において七つの人間類型に分ける」分析を行っている。

そこでの七つの人間類型とは、次のように分類される。①経済的入会、②身体的入会、

③家庭的入会、④矯正的入会、⑤職業的入会、⑥疎外的入会、⑦教理的入会、の七つである。

①経済的入会とは、経済的な貧困が原因で入会するタイプで、いわゆる「都市下層」——中小零細の個人業主や配偶者を失った女性が多い。

②身体的入会とは、病気や身体障害などが原因で入会するタイプで、具体的には「本人の努力や精神力が回復に与《あずか》って力があるとみられる病気」が多い。

③家庭的入会とは、本人ではなく家族の傷病や身体障害、家族不和などの家庭問題を理由とする入会で、既婚女性に多いパターンである。

④矯正的入会とは、ギャンブル、酒乱、非行などの「病理的行為」や短気・利己主義、無口・消極的性格などの「否定的性格」を信仰によって矯正しようというタイプの入会である。

⑤職業的入会とは、職場での困難を克服するための入会行動で、自分の技術や能力不足に悩み、仕事の行き詰まりや不満から自信喪失や挫折感を味わった後に、信仰による状況回復をめざすものである。専門技術職や技能工・事務職の人に多いパターンである。

⑥疎外的入会とは、いわゆる大衆社会の疎外状況からの救済を求めるタイプであり、「人生に目的がなく、ただ漠然と生きているだけ」で、「なぜか寂しい」という理由からの

入会者である。若年の男性に多いパターンである。

⑦教理的入会とは、「主として創価学会＝日蓮正宗の思想や教義への関心から入会するタイプのことである」。専門技術職などに従事するいわゆる知的エリート層が多い。

そのうえで、興味深いことは、それらを入会時期ごとに整理して、それぞれの時期でのそれぞれの類型の比率の推移を示していることである。それが次ページ図2である。表の実数値を見るとわかるとおり、比率（パーセンテージ）で示すことが必ずしも適切ではないような分布ではあるが、それでも大変興味深い結果を示している。初期においては圧倒的多数を占めていた①経済、②身体、③家庭がどんどん減っているのである。これに対して⑤職業、⑥疎外、⑦教理の比重が確実に高まっている。谷はこの結果を、日本経済の高度成長から大衆社会状況への変遷に対応するものとして、「モノ・レベルからヒト・レベルへシフト」し、さらに「ヒト・レベルからココロ・レベルへ移行した」と解釈している。

谷自身も再三ふれているとおり、ここでのデータの代表性には何の保証もない。むしろ『聖教新聞』の記事に対する創価学会側の意図の反映のほうがありうることである。それでも、いつでもどんな人にも起こりうる②身体的入会を除いて、①経済と③家庭的入会が劇的に減っていることは、③家庭的入会の背景に経済的な困窮があると考えるならば、日

	経済	身体	家庭	矯正	職業	疎外	教理	その他	計
I (〜'54)	12 (60.0)	6 (30.0)	5 (25.0)	−	1 (5.0)	1 (5.0)	−	1 (5.0)	20 (100.0)
II (55〜59)	50 (51.6)	35 (36.1)	28 (28.9)	2 (2.1)	7 (7.2)	5 (5.2)	3 (3.1)	3 (3.1)	97 (100.0)
III (60〜64)	46 (32.9)	35 (25.0)	32 (22.9)	11 (7.9)	18 (12.9)	11 (7.9)	11 (7.9)	3 (2.1)	140 (100.0)
IV (65〜69)	17 (12.7)	29 (21.6)	24 (17.9)	11 (8.2)	28 (20.9)	20 (14.9)	10 (7.5)	5 (3.7)	134 (100.0)
V (70〜74)	6 (5.7)	20 (19.1)	10 (9.5)	9 (8.6)	19 (18.1)	14 (13.3)	23 (21.9)	5 (4.8)	105 (100.0)
計	131 (26.4)	125 (25.2)	99 (20.0)	33 (6.7)	73 (14.7)	51 (10.3)	47 (9.5)	17 (3.4)	496 (100.0)

注）「経済」「身体」「家庭」には「多重ケース」も含まれているので、時期別に各類型のサンプルを加えた数と「合計」は一致しない。

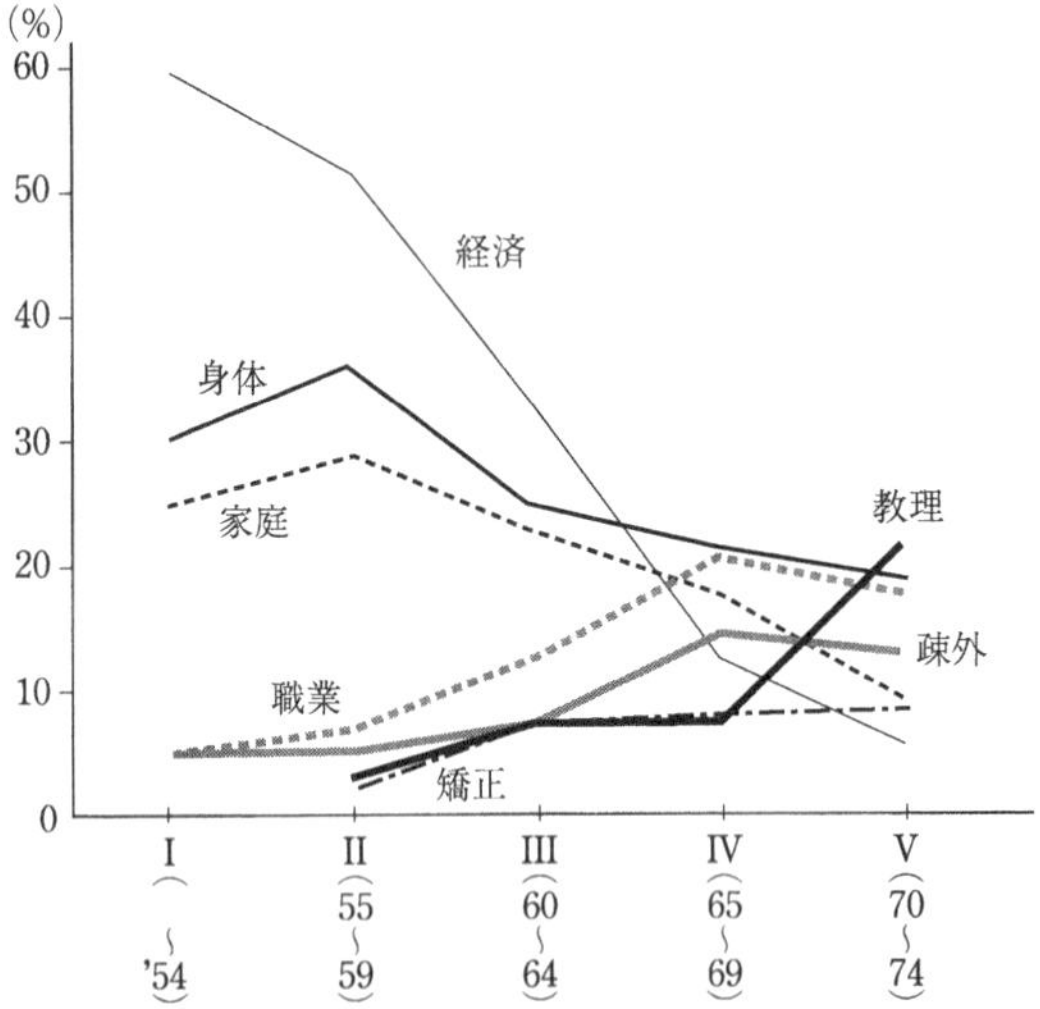

谷富夫「創価学会をめぐる人間類型」より

図2 「類型」別入会率の推移

本経済全体の高度成長というこの時期の基本的な変動との対応においても、創価学会の入会者が経済的な困窮者から徐々に中間層的な人々へと推移していったことを示していると想定したとしても、それはそれほど根拠のないことではないだろう。一九七〇年という時期を境に、少なくとも新しい入会者の階層的地位のある程度の上昇があったことは、全体的な趨勢からいっても無理な想定とはいえない。

問題はそれ以前の入会者にも同じような階層的上昇が見られたかどうかである。この点については何ともいえない。ただ、日本経済の高度成長によって経済的な下層から中上層への階層移動がもっとも可能な時代であったことは確かであるから、創価学会の会員にも中間層へのある程度の階層的上昇が見られたとは考えられる。少なくとも、日本社会全体にこの時期起こったとされる「一億総中流化」や「新中間大衆の時代」といわれた現象が、創価学会会員の世界にもある程度浸透したことは確かであろう。

いや、実はそれ以上の会員の階層的上昇が見られたのであって、それゆえかえって創価学会の基本的な組織原理が危機に陥っているのではないかという指摘もなされている。宗教学者・島田裕巳の見解である。最後にこの点について見てみよう。

島田裕巳『創価学会』二〇〇四年

島田裕巳は、その著書の「カリスマの実像と機能」と題された章で、何かと毀誉褒貶《きよほうへん》のある池田大作個人の実像をさぐりつつ、今では衛星中継によって全国の会館で見ることのできる幹部会での池田と幹部とのやりとりを紹介しながら、次のように論じていく。

創価学会の会員はもともと庶民であった。しかし信教の功徳もあって子どもをいい学校に入れるようになると、学歴の高い会員が生まれてくる。「彼らは、その学歴を生かして幹部となり、組織を動かすように」なる。「東大卒をはじめ学歴の高い信者が組織の中核を担うようになれば、……庶民である会員との間に意識や行動様式の面でずれが生まれ、それが拡大していく危険性がある。／そのとき、創価学会が選択したのは、……組織の活動の中心的な担い手があくまで庶民である一般の会員であることを確認する方向だった」という。

島田は、ある時期からの池田の行動を次のように分析する。「池田は、幹部会の席上で一般の会員を立て、幹部たちのあり方をくり返し批判するようになった。いくら高い学歴があっても、幹部はあくまで庶民である一般会員に奉仕する存在でなければならないことを徹底して仕込んでいくようになった。／それができるのは、本人自身も庶民の出であり、庶民感覚を忘れてはいない池田だけなのである」。つまり、学会員の社会的地位が上昇し、高学歴の幹部が育ってきたとき、池田はそれでも創価学会はあくまで庶民のための組織であるという原点を崩そうとはしなかったということである。そして、この点を島田は次のように論じていく。

「しかし、こうした方向性を選択したことで、創価学会は、自ら限界を設けてしまったことにもなる。庶民である一般会員にとっては、幹部たちが池田から叱られる光景に留飲が下がるだろうが、学歴の高い幹部たちにとっては、必ずしも居心地のいい状態ではない……幹部たちの間には、そうした状況に対する不満が、隠れた形で鬱積しているのではないか……おそらくそこに、創価学会の抱えるジレンマがある」

と指摘し、その後の著作においては、むしろ池田大作は現在、自由にものが言えない状況にあるのではないかと推測している。

そして、一方で、「都市下層の宗教として勢力を拡大した創価学会は、結局のところ、その枠を越えることができなかったのではないか。もし、インテリや中上流階級に会員を増やそうとするならば、そのあり方を根本的に変えていく必要があった。だが、その方向に踏み出せば、庶民の支持を失うという危険性があった」と論じるとともに、他方では、「中上流階級は、創価学会がある程度の権力を掌握することは容認する。しかし、権力の中枢を握ることは認めようとしない。あるいは、創価学会のあり方が社会の安定に寄与するものであるかぎりは、ことさら創価学会を批判したりはしない。だが、創価学会が先鋭化し、社会の不安定要因となれば、厳しい批判を浴びせかける」と指摘したうえで、結論的な見通しとして、「創価学会がこれから、そうした社会階層的な限界を越えていこうとするようになるとは考えにくい。限界を越えようとすれば、ふたたび言論弾圧事件の二の舞になる危険性があるからである」と述べるのである。

つまり、島田によれば、創価学会は都市下層の宗教団体であることをやめることはできず、それゆえある限度を超えて中上流階級に受け入れられることはないだろうという見通しを語っているわけである。

しかし、創価学会の会員が世代的な再生産を通じて、順調にその階層的な地位を全体として上昇させているとしたら、どうであろうか。過渡的な状況においては、島田の指摘するように、池田大作というカリスマによる組織の統合は不可欠であろう。しかしやがてある程度の会員がある程度の階層に全体として上昇していったとき、島田が推測しているように池田大作というカリスマを排除して、創価学会が中上流階級の組織へと上昇転化する可能性も十分にあるだろう。他方で、池田大作というカリスマに象徴される宗教団体としての伝統を継承することで、上昇をとげた会員が、いまだ上昇しきれていない会員たちに奉仕しつつ、それらを包み込んだ組織へと脱皮する可能性はないのだろうか。

いずれにせよ、創価学会が現在でもまだ「先鋭化し、社会の不安定要因となれば、厳しい批判を浴びせかけ」られるという可能性が残っている宗教団体であるという島田の判断は、あまり適切ではないように思う。少なくともそれは池田を自由にさせないだけの力を高学歴の学会幹部が持ち始めたという島田自身の推測とはそぐわない指摘なのである。

これらの点については、次章以降で詳しく検討することにして、最後にイギリスとアメリカでの創価学会に関する研究について紹介しておきたい。

3——海外における創価学会研究

二〇〇八年現在、創価学会は世界一九二ヵ国にわたって一二〇〇万人以上の会員を抱えているという。その組織はＳＧＩ＝創価学会インタナショナルと呼ばれている。この国際組織の代表が池田大作名誉会長である。したがって、海外でも創価学会は仏教系の新興宗教＝カルトとして知られている。とりわけイギリスやアメリカでの活動実績は古く、比較的成功した新興宗教の一つとして評価されている。興味深いのは、日本では考えられないような研究者との相互理解のもとで、学術的にも高いレベルの研究がなされていることである。いずれも、日本語訳がすでに刊行されている。それでは、それぞれの著作について紹介していこう。

ウィルソン&ドベラーレ『タイム トゥ チャント――イギリス創価学会の社会学的考察』一九九七年

世界的な宗教社会学者であるB・R・ウィルソンは、K・ドベラーレとともに、イギリスSGIの協力を得て、一九九〇年夏時点での会員名簿から一〇〇〇名のサンプルを無作為抽出し、郵送法による質問紙調査を実施した。また、これと並行して約三〇名の会員について、インタビュー調査を行っている。インタビューに応じてくれたメンバーは、全国リーダーや地域リーダーによって紹介された、いずれも安定した信仰生活を続けている熱心な会員である。ウィルソンらはそれらのデータの分析にもとづき、イギリスSGIメンバーの信仰との出会い、改宗、信仰経歴、家族、友人、組織などについて社会学的な考察を行っている。

彼らの研究の関心は、六〇年代以来イギリスをはじめとした西洋社会に広まっていったさまざまな新宗教運動と伝統的な意味での宗教制度やイデオロギーの崩壊ないし世俗化の様相にある。創価学会はそのような変化にうまく対応した新しい宗教として注目されるわけである。そして、彼らはその意義を次のように要約する。一九世紀後半から二〇世紀にかけて発展した製造業を中心とした産業社会、すなわち初期および発展途上の資本主義社会においては、資本の蓄積が重視され、「このような目標の達成のためには、勤労倫理が中心的役割をになう道徳秩序が求められ、人々は生産に身をささげ、かつ消費を最小限に押さえることを要求され、自らの経済的満足は後回しにせざるを得なかった」。そのような「生産者中心の社会（producer society）」においては、西洋社会に浸透したキリスト教倫理が適合的であった。ところが、生産志向の経済体制から消費志向のそれに転換していくにつれて、「消費者の選択が市場経済の基盤となったため、消費中心の経済への転換は個人の行動を規制しないように要求した。この自由放任主義経済の発達が、続いて自由放任主義道徳体系を必然的にもたらしたのである」。こうして「キリスト教の古い禁欲倫理は新しい経済秩序には不適合」となった。

これに対して、「創価学会の寛容な倫理、個人的幸福を追求することの是認、および個人的願望の成就を強調することなどは」もはや世俗化したイギリス人のエートスを支持するとともに、創価学会が伝統的な意味での道徳律を放棄しながらも、「信奉者が自由に彼ら自身の責任の取り方を発見できるような一般的で抽象的な倫理的原則を」保持している点が、消費中心の経済への転換以降の社会に適合すると同時に、その課題にも対処しうると評価できるというのである。事実、イギリスＳＧＩのメンバーには、「個人の自由と自己表現の要求がきわめて重視されるマスメディアや娯楽産業、芸術的職業などの従事者」が多く、それが「生産者中心社会における製造業などの……産業に従事する者の経験とは根本的に異なり、消費への関心を主として表現していく」「新しい倫理観をもった運動であるとの印象を強めている」という。

さらに、創価学会は社会学でいうところのいわゆる「中間集団」としての性格をもっており、「制度と個人との間を仲介する自発的組織と認められている」。「ＳＧＩメンバーのかなりの割合が自営業や芸術家、個人の小さな企業家、専門家、または何らかの独立した代理店などを営む人々である事実、さらに多くのメンバーが結婚での失敗や人間関係の破綻を経験しているように思われる事実は、この運動が果たしている役割を示唆していよう」と述べられている。

彼らの分析からは、ヨーロッパにおける仏教などの東洋思想の受け取られ方といった特殊な背景が感じられるとはいえ、日本では創価学会の宗教思想としての浅薄さとして批判されてきた、率直に現世利益を追求することを肯定する姿勢が、むしろ消費社会の新しい倫理として適合的であると積極的に評価されている点が興味深い。また、創価学会が座談会などでの個人的な悩みの告白と集団的な励ましによって、会員に社会的な居場所を提供する点や、すでに詳しく紹介したような「題目を唱えること＝唱題（Chant）」そのものがもたらす効用については、日本と同様な特質が見られることが指摘されているのである。

ハモンド＆マハチェク『アメリカの創価学会——適応と転換をめぐる社会学的考察』二〇〇〇年

ウィルソンのイギリスでの研究はアメリカＳＧＩに関する同様の研究を促すことになる。創価学会が創立した「ボストン二一世紀センター」はウィルソンを通じて、Ｐ・ハモンドに同様の調査を委託する。ハモンドはＤ・マハチェクを調査助手に採用し、この調査研究に取り組むことになる。ハモンドが設定した問題は二つである。一つはウィルソンらが明らかにした、創価学会が新しい時代の要請に適合した宗教であるという点。いま一つは多くのセクトが現れては消えていったアメリカの新宗教運動の中で、アメリカ社会への適応を遂げた創価学会の秘密がどこにあるかを明らかにすることであった。

調査のデータとなったのは、九七年に主要な出版物の予約購読者の累計名簿から無作為抽出したメンバーを対象に郵送法によって行った質問紙調査と、アメリカＳＧＩ本部の幹部やサンタバーバラ地域のメンバーとの懇談、ならびに九八年に行った電話による追跡インタビューである。その他、日本、イギリス、カナダ、アメリカにおける仏教教団の研究やSGI関連の学術的文献も参考にしたという。

その結果、彼らが導いた結論は以下のとおりである。ウィルソンが指摘したような、生産者中心の社会から消費中心の経済への転換にともなう宗教的な変化を、ハモンドらは「超近代主義」と特徴づける。「超近代主義」とは、科学や理性を重んじて宗教を否定する「近代主義」、逆に伝統的な宗教的信念にもとづいて近代性を否定する「反近代主義」、さらに科学的な方法によって宗教的な理解を深めようとする「リベラルなプロテスタントの伝統に連なる見解」などに対して、宗教的伝統の知恵を受け入れ、それを社会的・科学的「進歩」のための指針として用いようとする第四の立場を意味する。

そしてそれはむしろ「アメリカの文化的伝統を再活性化するものとして、理解されるべきである。超近代主義は、個人の救済と、聖なるものとの個人的な関係を強調するという点を、アメリカの文化的伝統と共有しているのである」とされる。それゆえ超近代主義は「現世における自身の満足を強調する」という。このあたりの叙述にはよく理解できない部分も多いが、ヨーロッパとは異なったアメリカのプラグマティズム＝実用主義の伝統を念頭に置いていると思われる。

そして、このような超近代主義の影響を受けた「若く、社会的に移動しやすい人々は……情報やサービス関係の職業という新しい階層に参入した高学歴の人々だったので、成功の倫理を受け入れ、積極的に上昇移動をしようとした。創価学会が、人生への自己責任や、個人の目標を達成するための行動を強調することが、新しい実力主義社会に生きる若き専門家たちの体験にとって、大きな魅力だったことはまちがいない」と論じる。そして、このような超近代主義の文化志向を持ち合わせた人々が、創価学会へと惹きつけられていったと解釈するのである。以上が需要側の状況である。

これに対して供給側の要因としては、創価学会が他の新宗教運動とは対照的に、意識して「個人主義、資本主義、家族といったアメリカで尊ばれている諸価値を否認せず、むしろそれらを取り入れた」ことがある。つまり、「創価学会の指導者たちは、この組織がよりいっそうアメリカ的なものとなるように、意識的にさまざまな改変を行った。アメリカSGIは、効率的であることや、日本の母体組織との連続性よりも、合法性を重視したのである」。そのことがアメリカの宗教市場において、創価学会が大きな成功をおさめた理由であると論じている。

ここでも、ヨーロッパとはまた違ったアメリカにおける東洋思想の超近代的なサブカルチャーとしての受容という特殊な背景が感じられるとはいえ、日本では批判されがちな創価学会の実用主義的で、体制順応的な性格がむしろ積極的に評価されている点が興味深い。

さて、以上で創価学会に関するさまざまな研究の紹介と検討を終えることにしよう。年代順に紹介してきたので、創価学会そのものの変遷についても、かなり具体的なイメージがつかめたのではないかと思う。次章からは、それらの一般的な理解をふまえて、最近における創価学会の変化について考察していきたいと思う。

4章――創価学会の変化

1――創価学会の変遷

会員数の推移

まず、創価学会の会員数の推移を確認してみたい。といっても、それは容易なことではない。一応創価学会自身が公式に公表している数字はあるが、それを額面どおり受け取るわけにもいくまい。また、最近ではあまり細かな年次を区切った公表はなされない傾向にあり、かつて公表された数字も、文献を通じて間接的に確認するしかないのが実情である。公明党の得票数から推定するというやり方も、かつてはよく用いられたが、会員だけが投票しているわけでもないし、選挙によって非会員の投票数はかなり変動するだろうから、おおまかな推移をとらえるデータとしても、利用するのは容易ではない。

そこで、ここでは様々な制約をもった数字をいくつか比較考量することで、だいたいの傾向を探ってみることにしよう。

まず、創価学会がこれまで公式に示してきたと思われる数字をつなぎ合わせたものが、図3である。現在、創価学会はその会員数を定期的に公表してはいない。ホームページ上

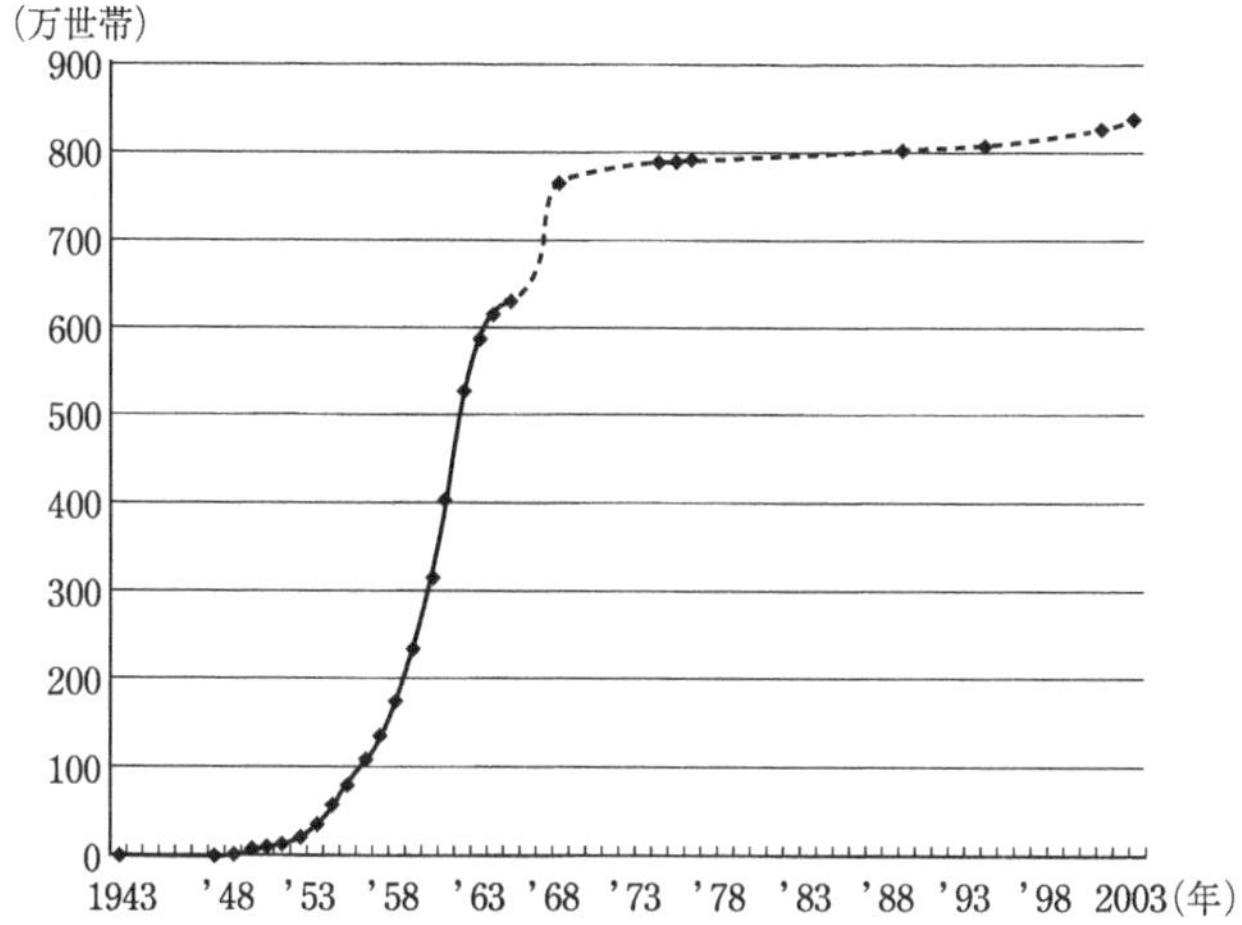

図3　創価学会会員世帯数の推移

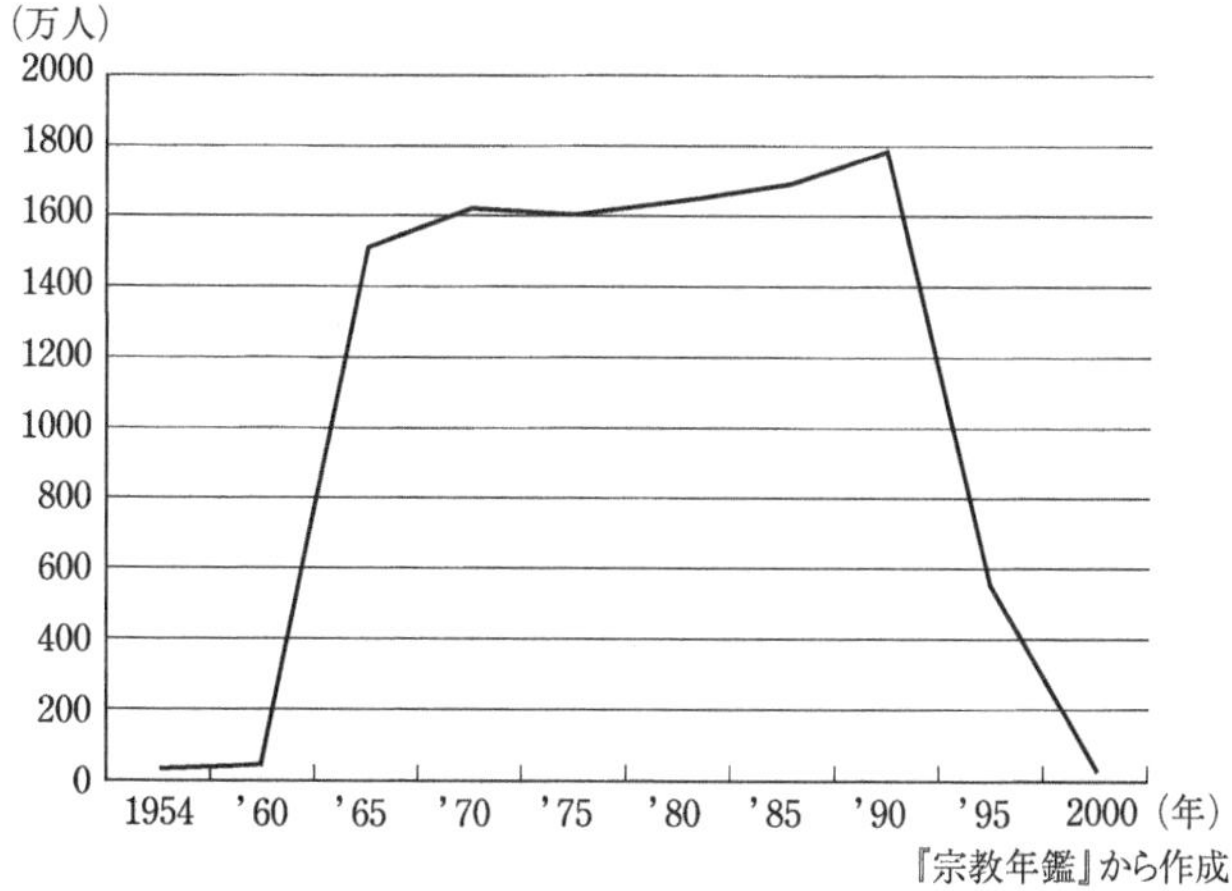

図4　日蓮正宗信徒数の推移

の沿革を紹介した文書や年表の中に、ところどころ言及が見られるだけである。過去において、とりわけその会員数を劇的に拡大していた時期には、逐一公表していたようで、過去の文献の中にそれらを拾い集めた記録が散見される。それらは相互に若干食い違っているが、概数としてはほぼ誤差の範囲内に収まる数字になっているので、何らかのかたちで学会が公表した数字が伝えられていると考えてよいだろう。絶対数としての信頼度はさておき、推移を見るにはそれなりに合理性のある数字なのである。とりわけ、それらはいずれも創価学会自身が公表した数字が元になっているので、絶対数や増加率が過大であることは避けられないとしても、増加率が低減してきたことを示す資料としては十分な根拠を持つものであると考えてよい。そうすると、図3のグラフが示す確かなことは、一九五〇年代から六〇年代にかけて急激に増大した創価学会の会員数が、七〇年代以降ほぼ横ばいになったということである。

さらに、ちょっと違った側面からのデータを紹介しておきたい。『宗教年鑑』という文化庁の刊行物がある。そこには主な宗教団体の信者数が記載されている。それらはいずれも各団体の申告にもとづくものなので、政府の刊行物だからといって必ずしも信頼できるものでもないが、そこに日蓮正宗の信徒数の記録がある。この数字の変遷を示したのが、図4である。日蓮正宗の信徒数の増減がすべて創価学会の会員数によるものと見るわけにはいかないが、創価学会が日蓮正宗から破門された(一九九一年)後の信徒数が、戦後日蓮正宗が急激に信徒数を増加させる以前の水準とあまり変わらないことからいって、間接的にそれを示していると見ることもできるだろう。

ただし、創価学会が公表している数字がすべて世帯数であるのに対して、ここでの日蓮正宗の信徒数は個人が単位である。創価学会の場合、信仰の対象である御本尊を受けて初めて正式な会員と認められるので、この数が世帯数として公表されるのである。会員として活動しなくなったり、たとえ脱会したとしても、一度配布された御本尊が回収されてそのことが逐一記録されるとは思えないので、創価学会の公表している世帯数は実態を示していないとよく指摘される。

しかし、一九五四年の日蓮正宗の信徒数は三四万八一六〇人で、二〇〇〇年の信徒数は三三万八〇〇〇人、ほぼ三四万人と考えると、ピーク時の信徒数は一七八四万七〇〇〇人なので、創価学会側の信徒数は約一七五〇万人であったと推定される。当時の創価学会の会員数を八〇〇万世帯とすると、平均世帯員数は二・一九人ということになって、計算上はそれほど無理のある数字ではない。しかしいずれにせよ、八〇〇万世帯という数字の信憑《しんぴょう》性《せい》はさておき、ここでも七〇年代以降創価学会はそれ以前のような急激な会員の拡張期を終え、世帯としての再生産を中心とした段階に進んだということだけは確かであることが示されている。

このような変遷の節目となった一九七〇年という年は、すでに何度かふれたように、創価学会にとって重要な年であった。いわゆる言論出版妨害事件を機に「創価学会バッシング」ともいえる事態が常態化し、マスコミの一ジャンルともいえる状況が生まれていった。同時にそれ以降、それまではいくつか見られた創価学会に関する学術的な検討が、あまりなされなくなっていく。すでに紹介したホワイトの、後にも先にも最高水準の学術的な研究がきわめて重大な検討を行っていたにもかかわらず、それがすっかりと無視されていったことが象徴的である。ホワイトはすでにこの時期に創価学会は拡張期を終え、家族的な再生産を中心とした安定期に入るであろうことを正当にも指摘し、もはや大衆社会論的な運動でもなければ、いわんやファシズム的な団体でもなく、日本社会の中に一定の地位を得て、自らそれに適応しようとしている存在にすぎないと結論していたのである。それは同じ時期からマスコミ・レベルでは定番となっていく、創価学会が何やら反社会的な団体であるかのような扱いとはずいぶん対照的な認識なのである。

学会員維持の条件

同時に、一般的な社会情勢からいっても、創価学会がこの時期にその性格を転換していったことは十分に予測される。これもすでに紹介したように、創価学会は戦後の高度成長期に地方から都市へと流入した人々を主に組織することで急激に成長した宗教団体であるといわれてきた。一九七三年のオイル・ショックを境に高度成長が終焉《しゅうえん》を迎えることは周知のことであり、創価学会成長の理由が本当にそこにあったとすれば、それ以前ほどの拡大が期待できなくなったとしても不思議なことではない。会員数拡大の鈍化がそれを雄弁に語っている。そうすると、さらに新しい会員を獲得することよりも、既存の会員たちをいかに維持し、家族的に再生産していくかが課題となる。創価学会が創価学園を開学するのが六八年であり、七一年には創価大学が創設されている。

さらに重要なことは、既存の会員を維持するために、いったい何を実現しなければならなかったのかということである。これもすでに紹介したように、創価学会はたとえその宗教としての品位を疑われたとしても、つねに会員の実利に応えようとしてきた。「勝負でいこう」という牧口や戸田のよびかけや、「絶対幸せになるんだよ」という池田の激励、さらにはきわめて戦略的な助言からなる日蓮の信者にあてた手紙文「御書」の内容からいっても、創価学会が日常的な困難を抱えた会員たちの日々の具体的な生活の克服と向上に直接実利的に貢献しようとしてきたことは確かである。それが宗教というものに対してあるイメージを持っている人々によってつねに論難されてきたとしても、この約束をはたさないかぎり、既存の会員を維持することができなくなってしまう可能性があることもまた確かである。それはいわば、何ら実利的な見返りを求めない高尚な宗教よりも、ずっと信者を繋ぎ止めておくことが困難な状況とみなすこともできる。

そうすると問題は創価学会が実際にそれを実現したのかどうかということである。つまり、学会の会員はその信教の効果として実際にその生活状況や社会的地位を向上させることができたのかということである。

このことを経験的に実証することは実質的に困難である。原理的には簡単なことであるが、実際に行うことはむずかしい。原理的には、創価学会の会員を対象にサンプリング調査を行って、本人の一生を通じて、あるいは子や孫の代にかけて、その社会的地位が向上しているかどうかを確認すればよい。社会学でいうところの社会移動の研究であって、本人の学歴、職業、収入、親や子の学歴、職業、収入さえ確認できれば、簡単に検証できることとである。しかし、これを創価学会の全面的な協力をえて実施することは、現実的にいって困難なことであろう。イギリスやアメリカにおいては実現しているが、日本において学術的な研究者と創価学会がそのような関係を持つことは、当面は期待薄である。そこで、ここではさまざまな部分的資料や状況証拠を並べることで、若干の検討を行っておきたい。

学会員の社会的地位の上昇

まず、一般的な情勢として、高度成長期を中心とした日本の戦後において、人々の生活水準が一律に底上げされたことは確かである。したがって、創価学会の会員がいかなる階層にあったとしても、それぞれに平均的な人々が集まっていたとすれば、それなりの生活水準の向上は見られたはずである。これは創価学会にとってはきわめて有利な条件であった。なぜなら、たとえ信仰の功徳などなくても、普通にしていれば会員の生活水準は一律に底上げされる条件のもとにあったと考えられるからである。

しかもすでに紹介したように、創価学会は「幸せにするシステム」とでも呼ぶべき組織原理を生み出し、会員たちがあきらめることなく、地道に自らの生活を継続する手助けをしてきたといえる。座談会での日常的な仲間たちの励ましや、朝夕に行うことが何よりも尊重される勤行による精神の安定と集中力の確保、さらには御書の学習によってもたらされる言語能力の獲得にもとづく自信と具体的な問題解決のための戦略的な対処方法の理解などは、いずれも会員たちの実利的な生活への積極的な関わりを助けるものである。

そのことによって、いかなる階層においても、創価学会の会員がそれぞれの階層の平均的な人々よりは生活向上の可能性が高くなることは十分に考えられることである。少なくとも、全体として日本人の生活が向上した程度には、創価学会員の生活も向上したはずである。この意味で創価学会にとっては、会員を維持するのが比較的容易な時代であったといえるだろう。

それでは、かつて病人と貧乏人ばかりといわれた創価学会員の階層的な地位は、どの程度向上したと考えられるのだろう。一九七〇年以降に発表された数少ない学術研究の一つである谷富夫の論文では、創価学会への入会動機の変遷を見るかぎり、少なくとも入会者の階層的な地位は上がっていることが示唆されていた。また、決して体系的なデータによる裏付けが示されているわけではないが、島田裕巳は創価学会員の社会的地位がかなり上昇したことを前提に議論を展開している。

確かに、一般的な印象でいえば、創価学会員の地位が上昇したことは明らかである。医者や弁護士、会社社長や大企業の管理職以上の人たちだけが参加できる創価学会の会合が存在するという。また、創価学会がかなり組織的に、法曹界に進む学会員の子弟を特別に支援してきたことも、さまざまなところで指摘されてきた。実際、司法修習生の中には毎年少なくない数の学会員が含まれているという。

それらはいずれも単なる印象にすぎず、創価学会員が、他の条件が等しい非学会員と比べて、統計的に有意な確率で社会的な地位の上昇をとげているということを、厳密な客観的根拠をもって証明するものではない。したがって、確かなことがいえるわけではない。しかし少なくとも過去における実情に思いをはせたとき、創価学会員の社会的な地位が決してかつてと同じように低いままであるとは誰も言い切れないであろう。そして、そのことが実は創価学会という存在を知り、その近年における変化の意味を知るうえで、きわめて重要な事実なのである。

そのことを詳しく論じる前に、まずは宗教団体としての創価学会に近年訪れた重大な変化について述べておきたい。

2――日蓮正宗からの分離

創価学会が宗門である日蓮正宗から幾度かの曲折をへて分離した経緯については、すでに詳しく紹介しておいた。ここでは、その結果生じた創価学会に関するある重要な変化について述べておきたい。それは創価学会の地域社会との関わりという点に関連する。

すでに何度かふれたように、かつての創価学会は他の宗派や宗教に対してきわめて不寛容な態度をとってきた。それはもともと日蓮が念仏や禅宗に対して示した立場に由来している。そのため、とりわけ日蓮正宗では折伏や謗法などの、仏教にはめずらしく排他的で厳格な教義が見られるのである。この日蓮正宗の在家信者組織として発展した創価学会においても、戦前の弾圧の経験や、かつての社会的性格もあって、他の誤った教えに従うならば、謗法として罰が当たるときびしく戒められてきたのである。したがって、神社に由来する地域のお祭りに参加することは許されず、神輿を担ぐことなどもってのほかだった。このことがただでさえ孤立的であった学会員を、一般的な意味での地域社会からいっそう遠ざけることになったのである。

したがって、学会員の側でも自治会・町内会などの一般的な地域組織には、あえて関わろうとはしなかった。信教ゆえに子どもがいじめられる可能性のあった学校のＰＴＡだけが、創価学会員が唯一積極的に関わりをもった地域の組織であった。

地域社会との関わり方の変化

ところが、九〇年代に入って宗門との関係が断絶するのにともなって、地域のお祭りなどに対する学会員の関わり方に大きな変化が生まれることになる。宗門との関係が切れたことや、宗門に対する批判を強める過程で、これまで厳格に適用されてきた、他の宗派や宗教に関わることは「謗法」であり「罰が当たる」という考え方が微妙に修正されていく。

それは、宗門が学会への批判を行う際に、自らが正統な教えであって学会に関わると謗法であるとする非難のロジックに対抗する過程で生み出されていったようである。つまり「血脈を継ぐ」とされる正宗の法主ではなく、日蓮大聖人やその御本尊ないし御書そのものに則《のっと》った「仏法の本義」こそが重要であるという考え方である。これまではどちらかというと形式主義的に、他宗派のお寺に足を踏み入れたり、神社の祭礼を見物しただけで、何やら謗法を犯してしまったのではないかとびくびくしていたのに対して、そのような考え方は形式化した宗門が押しつけていたもので、日蓮大聖人に直接連なろうとするわれわれはむしろ「本義」に立ち戻る必要があるというわけである。

このような発想は、宗門から離れた後に、創価学会が自らをキリスト教の旧教徒と新教徒の関係になぞらえながら、ルネサンス運動を推し進めていくのだと宣言する構図とも対応するものである。

このような教義上の展開とも符合しながら、同じ時期に会員からの問い合わせに答えるというかたちで、学会の公式見解として地域の祭りなどに対する考え方が公にされていく。それによれば、地域のお祭りにはそもそも宗教的な色彩のないものや、宗教的な起源は持っていても、現在ではかなり薄れてきて、事実上地域の文化的・社会的な行事となっているものも多いとしたうえで、問題は宗教的な行為であるかどうかなのだから、地域の親交的・社会的行為としてこれに参加することや見物することはいっこうにかまわないという考え方が示されていく。

要するに、信仰の対象として拝むとか、供養をするとかいうことでないならば、町内会の役員として神社の儀式に参列することや、会社の研修などで神社を訪ねることを拒むことで、とりたてて地域や会社での社会的な親睦に支障をきたすことはないというのである。

もちろん神社への奉納を前提とする寄付を行ったり、町内会の仕事としてこれを募るようなことは他宗への供養ということになってしまうので、その場合は丁寧に理由を説明して理解してもらう必要があるとされている。

そもそも単なる地縁団体である自治会や町内会が神社の氏子組織と一体となっているなどのことは「信教の自由」からいっておかしなことであり、この点での是正を求めてきたことやそれを実現してきたのは多大な成果であり、引き続き努力していくが、だからといって地域の社会的活動から遠ざかることはないというわけである。ご神体の入っている神輿を担ぐことなどは、やはり避けるべきことではあるが、それもケースバイケースで柔軟に判断していけばよい。イベントとしての性格が強く、拝んでいるのでなければ、いいのではないかという判断もありうるということである。

いずれにせよ、学会の公式見解としてこのような考え方が示されることで、地域でさまざまな活動に携わる可能性をもった会員たちには、それ以前とはまったく異なる大きな変化がもたらされることになった。これまではとかく避けられがちであった自治会・町内会での活動に、おおっぴらに関わることが可能になっていったのである。

しかしながら、学会サイドでのこのような変化がすんなりと地域社会の側に受け入れられていったかというとそうでもない。やはり地域の人たちの中には創価学会への警戒の念が強かったようである。

そのような垣根が取り払われる大きなきっかけとなったのが、一九九九年一〇月に公明党が自民党の政権与党に参加し、連立を組むことになったことである。それ以降、選挙協力などもあってか、創価学会員が地域社会の中に急激に組み込まれてきている。いざ垣根が取り払われてしまうと、学会員のフットワークの軽さは、高齢化し慢性的な人手不足の状況にあった自治会・町内会にとっては、きわめて好都合な部分がある。つまり創価学会の会員が改めて町内会などに参入することで、衰えかけた地域の住民組織が活性化されるという現象が起こっているのである。
それは、いわば地域における自公連立とでもいうべき事態の進行である。

3――地域における自公連立

しかも、ここで重要なことは、これが単なる創価学会の教義やイデオロギー上の変化という問題だけではないということである。

自民支持層との地位の接近

実は、地域における自民党の支持層と創価学会会員の社会構造上の位置が、非常によく似ているという事実が指摘できる。どういうことかというと、従来までの自民党の支持層は、これまで地域の町内会や自治会を支えてきた商店や工場を営む中小零細の自営業者たちであった。彼らの多くは戦前に地方から都市に流入し、地主から土地を借りて事業を始め、戦後復興から高度経済成長の時期に一定の社会的上昇をとげた人々であった。彼らがその地歩を固めつつあった戦後の高度成長期に、彼らより少し遅れて都市に流入し、やはり零細な自営業を営んだり、一般の店員や工場労働者として都市の下層に滞留していったのが、やがて創価学会へと組織されていく人々なのである。そしてこの創価学会の会員がその後、信教の力もあってか、その社会的地位を上昇させてきたと考えることができるのである。

つまり、自民党の支持層から見れば、これまでは自分たちには及ばない、一段低い存在とみなされていた人々が、今では自分たちと同じように地方から都市に流入し、苦労してその地位を向上させてきた、いわば同朋とみなすこともできるような存在になってきたということである。

すでに詳しく検討したように、創価学会員の社会的地位の上昇を体系的に検証し実証することは困難である。

しかし、創価学会の会員が二世、三世と代を重ねるごとに少しずつ階層的な地位の上昇をとげ、今や日本の地域社会を支えてきた人々と肩を並べるようになってきたという仮説的な想定は、十分に許されることであろう。

ここで詳しく説明することはできないが、保守政党の支持基盤の少なくとも一翼を占めてきた人々は、戦後の農地改革によって土地を得た村落の自作農の人々と、もともとそれと同じような階層の出身で、いちはやく村落から都市へと流入して自営業者として身を立てた人々——それらはいずれもしばしば「旧中間層」と呼ばれてきた——であった。

その初期において創価学会に組織されていった人々は、同じように都市に流入した人々のうち十分な上昇をとげることのできていなかった人々であり、その人たちが現在改めて創価学会の会員として、一足先に上昇をとげていた地域での自民党の支持層と政治的・社会的に合流しつつあるということである。

つまり、一方は日本の都市社会において、戦前から戦後にかけて社会的な上昇をとげた都市自営業者層であり、他方はその後に社会的な上昇をとげた創価学会の会員というわけである。この二つの社会層が、今や地域社会の中で手を結びはじめ、一つの政治勢力を形成しつつあるといってよいのかもしれない。

このことはいったい何を意味するのか。それを考えるために、まずは創価学会を支持母体とする公明党の政策の推移を確認することにしたい。

4――公明党の政治的変遷

創価学会が政治へと進出し、やがて公明党を結成していった理由を戸田や池田は次のように説明していた。当時はいわゆる五五年体制のもとで左右のイデオロギー対立が激しく、そのどちらでもない第三のあり方が必要であり、それこそがイデオロギーではなく人間にもとづく人間主義の政治であると。「人間主義」という言葉は宗教的にはわかりやすいが、政治的にはよくわからない言葉で、公明党の政治的立場の不明瞭さを示すものとして、よく論難されてきた。

大組織に守られない労働者を組織

しかしながら、公明党の政治的位置は、ある意味では明確に規定されてきた。自民党が大資本や富裕層の利害を代表するのに対して、社会党は特権的な組織労働者を代弁するだけで、組合すら持たない大多数の中小零細企業の従業員や自営業者などの庶民は政治的に棄て置かれてきた。公明党はその庶民の声を国会に届けようとするものであると。それゆえ、当初、素人集団と揶揄された公明党が最初に存在感を示すのは、自民党から社会党に国会対策費の名目で流れるお金があるのではないかという告発であった。

いわゆる左翼の人々はあまり認めたがらないが、日本の革新陣営の主力は組織労働者で、しかもそれは大企業と公務員の世界にしか存在していない。つまり本来の労働者階級というよりは、比較的恵まれた労働者のみが組織されたものなのである。他方、本来の労働者というべき庶民の一部で比較的成功した自営業者は自民党が組織し、中小零細企業の労働者はわずかに共産党が組織していただけであった。だから民商（民主商工会）を中心に共産党が躍進したことが自民党にはいちばんの脅威であったし、後に公明党と共産党が激しく対立することになるのもそのためである。これに対して、当時の社会党を中心とした革新勢力は、そのような中小零細自営の人々と比べるならば、考えられないほど安定的な雇用を保障されている公務員が、さらにスト権すらも獲得しようという闘争（「スト権スト」）に血道をあげていたのである。

この意味で、本来の労働者階級ともいうべき庶民を組織しつつあった創価学会を支持母体とする公明党が、いかなる政治的な位置を占めるかはきわめて重要な問題であった。事実、その後の日本の政治はよかれあしかれ公明党のふるまいにそって展開してきたと見ることもできる。とりわけ日本の保守勢力にとって、創価学会や公明党がどちらの立場に立つかは特別に注意を要する問題であった。本来の労働者階級を組織しつつも、社会党や共産党とは一線を画す「反共の砦」となるのか、はたまた社会党や共産党が組織している基幹労働者や反体制的な知識人と結んで真に革命的な勢力を形作ってしまうのかは、国家権力や支配層にとってはのっぴきならない死活問題だったのである。

だからこそ、言論出版妨害事件の際に自民党幹事長田中角栄はあそこまで竹入公明党委員長のために動いたのであり、池田大作によって主導された「創共協定」の存在が明らかになったとき、公明党はある程度池田と創価学会に背いてまで、共産党との共闘がありえないことを保守勢力に対して確約しなければならなかったのである。

創価学会が日本において本来の労働者階級を組織した団体であったという、ここでの筆者の理解は、日本ではとうてい受け入れられるものではないだろう。しかし、中国の革命家たち（とりわけ周恩来）は早くから創価学会という団体に特別の注意を払い、社会党でも共産党でもなく、池田大作や公明党を頼ることが多かったのである。

岐路と選択

いずれにせよ、この言論出版妨害事件から創共協定までの一九七〇年から七四年という時期が、創価学会と公明党が左にいくのか、右にいくのかという大きな岐路に立っていたことは確かであろう。それは、ヨーロッパの労働運動のようにあくまで労働者階級にとどまり、労働者階級全体としての地位の向上を国家や支配層に対して認めさせていくという方向を取るのか、はたまた労働者階級から中間層＝ミドルクラスへと上昇することを通じて国家や支配層の一角を占めたり、その庇護のもとに生活の保障を求めていくのかという選択であった。現実に創価学会と公明党がどちらの道を選んだかは明らかであろう。

しかしそのことよりも、この同じ時期に創価学会へのバッシングと創価学会は何やらあやしげな団体であるという風評、そしてそれを助長するマスコミの一ジャンルが確立し、これと並行して科学的で学術的な検討が姿を消していくという事実を重視しておきたい。

それらの事実はいずれも、進歩的で科学的な知識階層と、伝統的で遅れた庶民の意識との隔たりを強調するものばかりである。また、労働者階級が少々粗野であったとしても、人間的で尊敬と信頼に値する存在であると、知識階層の人々が考えることなど、とてもできなくなるようなことばかりである。意図の存在はさておき、結果としてそれが革命や労働運動の制度化に不可欠な、一部の知識人と労働者との連帯をむずかしくしたことだけは確かである。日本の場合、それは公明党と創価学会に対する共産党とその支持者である知識人との間の関係に象徴されている。

さて、このような図式を頭に描きながら、その後の日本の政界の変遷をおさらいしておこう。田中角栄が言論出版妨害事件にあそこまで関わったのは、直接にはその直後に行われた京都府知事選挙での公明党の選挙協力を必要としていたからだといわれる。当時の京都府知事はその後の革新自治体のさきがけとなった蜷川虎三であった。自民党としてはその六選を何としても阻止しなければならなかったのである。事実、結果として自民党は公明党と創価学会の支持を取りつけながらも、蜷川の六選を阻止することができず、時代は美濃部亮吉東京都政（六七年～七九年）に象徴される革新自治体の時代へと引き継がれていく。

一貫する反共と支配層への接近

このような政治情勢の中で、公明党がどのような政治路線を選択していったかがきわめて興味深い。この時期、公明党は表向き自民党との対決姿勢を改めて強調することになるが、その方法はあくまで共産党を排除したかたちでの野党の共闘を模索するものであった。公明党はまず民社党との連携を深め、そこに社会党を引き入れようとした。社会党の中でも構造改革派として現実的な路線を取ろうとする江田三郎を介して共闘を模索するが、社会党の内部では左派の成田知巳が支持を集めて委員長（六八年～七七年）になり、この構想は頓挫する。

その後も、公明党は革新勢力の側から徐々に右傾化しているという指摘を受けるようになるが、そのような評価が決定的になるのが、一九七八年の第一五回党大会での竹入委員長の発言をきっかけに、公明党が自衛隊を認知していく方向を明らかにする頃である。これにいたる何年かの間にも、たとえば美濃部革新都政の中で社会党と共産党の共闘が崩れていく過程で、公明党がはたした役割が注目される。それは七〇年以降、ある意味ではぶれることなく公明党が模索しつづけた、共産党抜きでの野党の連合という方向性がもたらしたものと見ることもできる。

さらに、その後、公明党は自民党を割って出た勢力と連携することで、自民党を初めて野党に追いやり、共産党を排除したかたちでの自由資本主義を前提とした二大政党制の確立をめざすことになる。その展望のもと、一時的な解党をへたうえで、現在では自民党との連立によって政権与党の一角を占めるようになるのは、周知のとおりである。

要するに、言論出版妨害事件から創共協定をめぐる共産党との絶縁以降、公明党はたとえ革新や野党の側に身を置いていたとしても、つねに一貫して共産党を排除する方向に動いていたといえよう。それはそのまま現状の支配勢力を打倒する方向ではなく、現実的で穏当な手段を講じて支配勢力に徐々に取り入って、そこに少しでも影響力を行使しようとする政治的方向性であった。それはそのまま創価学会の会員たちが、互いに励まし合いながら、革命を起こしたり、自分たちの要求を権利として勝ち取るというのではなく、資本主義と代議制民主主義の制度の枠内で、社会的な地位の向上と政府による庇護を期待するという生き方を選んでいくことに対応している。そして、それは創価学会が急激な会員の拡張期を終え、世代的な再生産へと進んでいく一九七〇年という時期を境にして、明確になっていった傾向なのである。

5——学会員の階層的地位の上昇

さて、本章では創価学会の変化について考察してきた。五〇年代から六〇年代にかけて急激に拡大した創価学会は、七〇年代を境に会員数が頭打ちになると同時に、その社会構造上の位置を変えていった。かつては地方から都市に流入し、中小零細企業の未組織労働者として比較的低い階層に滞留していた人々が、徐々にその社会的地位を上昇させていったと考えられるのである。

個人としての上昇か、階級としての向上か

しかし、そもそもこの「社会的地位の上昇」には二通りのあり方がある。

一つは、これまで低い地位にあった人がより高い地位へと文字どおり上昇していくというかたちである。たとえば、収入の低い現場労働に従事していた人が、資格を取得したり技能を高めることで、より収入や威信の高い別の職種へと移動していくような場合である。

これに対して、もう一つの形態として考えられるのが、同じ現場労働に従事していたとしても、その現場労働に従事する労働者そのものの地位がより尊重されるようになり、待遇が改善されたり賃金が上昇するという場合である。このような形態はわれわれ日本人にはあまりなじみのないものかもしれないが、たとえば労働組合運動の成果として労働者の地位そのものが向上するというのが、実はそのようなあり方を意味するのである。

つまり、一人の労働者の生き方として考えるならば、相変わらず同じ仕事に従事している仲間たちをしりめに、個人的な努力によってより有利な地位にある仕事へと自分一人で移動していくことで社会的な地位の上昇を勝ち取るというやり方と、あくまで労働者としての現在の自分の仕事に誇りを持ち、同じ仕事に従事する仲間との社会的連帯の力にもとづいて、資本家や社会一般に対してその仕事の意義を認めさせることで、労働者階級全体

の賃金の上昇と地位の向上を求めていくという二つの生き方があるということである。

もちろん前者のやり方がつねにもっぱら個人的な努力によってのみ達成されるとはかぎらない。そのような個人的競争のために互いに励まし合う集団が労働者階級の内部に部分的に成立することもあるだろう。創価学会はそのような団体であったと考えることもできる。

ちなみに、日本の労働運動の歴史の中で、戦後そのような意味での転機となったものに、日鋼室蘭争議（一九五四年）と呼ばれる有名な労働争議がある。それに関わった労働者たちの証言を集めた社会学者の仕事に、鎌田哲宏・とし子『日鋼室蘭争議　三〇年後の証言』という本がある。この本を読むと、仲間を裏切ることはできないと最後まで闘った第一組合の労働者がその極貧生活の中にも決して誇りを失っていないことと、途中から第二組合を結成する道を選んだ労働者の子弟が首尾良く大学を卒業し、もはや労働者としての仕事に就くことがなくなっている現実が、見事に描きだされている。つまり、この時点ですでに日本の労働者は、代々労働者としての仕事に留まり労働者階級全体としての社会的地位の向上をめざす道ではなくて、主として個人的な努力によって子どもを中間層的な仕事に就かせることで労働者階級からの脱出を図る道を余儀なくされていたのである。

したがって、それより後に労働者としての仕事に就く者を組織していった創価学会が、同じ道を歩んだとしても、それほど不思議なことではないだろうし、かつて第二組合の結成を促した勢力が、同じ道へと強く導いたとしても何の不思議もないのである。

さらにいえば、実はその前にも同じような道を歩んだ人々がいた。それは意外に思えるかもしれないが、戦後自民党の都市での主要な支持基盤となった、比較的成功した自営業者たちである。

彼らは、大正から昭和にかけて地方から都市へと流入し、最初はやはり労働者としての仕事に就いた。しかし当時は大正デモクラシーの時代から労働運動にとって暗い谷間の時代へと移る時期であり、国家権力による労働運動の弾圧が激しくなる時期であった。それでも地下にもぐって労働運動を続けた共産党に連なるような人々もいたが、多くの労働者はそのままではらちがあかないと考え、さっさと独立して地主から土地を借り、中小零細の工場や商店を経営する一国一城の主としての自営業者になろうとしたのである。もちろんそのような人々の多くは挫折し、再び工場に雇われるか、都市雑業層としてスラムを形成するようになった。しかしその一部は成功し、やがて町内会や隣組で重きをなすようになる。そこに戦争という非常時における翼賛体制の必要が叫ばれるようになるのである。

労働者として都市に流入し、労働運動による社会的地位の向上という道を国家の弾圧によって絶たれた者たちが、自営業者として町内会や隣組を支えることで、今度は天皇制フアシズムの末端を支え、国家によって初めて天皇の赤子《せきし》としての地位を認められたのである。ここにも自らの才覚と努力によって自営業者としての成功を収め、町内会長という地位を獲得した者だけが国家から認められることで社会的上昇を遂げるという、日本の労働者の中間層への移動の原初的なパターンが確認できる。

彼らが戦後、そのままある時期までの自民党の支持基盤となっていったことは、もはや説明を要しないだろう。

そして、そのような都市自営業者層に少し遅れながらも、戦後同じような軌跡を描くことになるのが、創価学会に集った人々なのである。すでに紹介したように、近年の地域における自公連立は、このような二つの社会層が改めて相まみえることになったという出来事である。そして、それは意外なことに思えるかもしれないが、日本における労働者たちの物語なのである。

5章——これからの創価学会

さて、これまでの検討をふまえて、最後に今後の創価学会について、いくつかの点を指摘しておきたい。

1――自民党との接近

すでに述べたように、創価学会の会員と自民党の支持者の一部は非常によく似ている。それが地域における自公連立という事態をそれなりに根拠のあるものにしているのである。

自民党という保守政党は、もともと二つの勢力を基盤としていた。党内派閥としてはよく「党人派」と「官僚派」と呼ばれ、官僚派が大資本と国家官僚機構という典型的な保守勢力を基盤にしていたのに対して、党人派は叩き上げのどぶ板的な政治家で、地域のいわゆる保守的な「旧中間層」――地主や自作農、中小企業の事業主や零細な自営業者など――を基盤としていた。日本の保守政治は長い間、国家官僚が大資本とともに推進する全国レベルでの近代化政策をテコに、その成果を補助金として地方に利益誘導することで、「旧中間層」の支持をつなぎとめるという仕組みと構造を持っていた。戦後この構造を再編・整備して党内に確固たる地位を築いたのが、田中角栄である。

小泉改革と創価学会の位置

ところが、この田中派に連なる小沢一郎と羽田孜が自民党を離党した末の紆余曲折《うよきょくせつ》をへて現在では民主党に結集し、自民党のほうは小泉純一郎首相のもとで田中政治との決別をテコに都市部での支持を集め、大資本と富裕層を中心とする経済の再建にいったんは成功するものの、現在では格差拡大という問題を抱えるようになっている。つまり現在の自民党政治は小泉以降、党人派の支持基盤を切り捨てて、大資本とそれに連なる富裕層を中心とする方向に大きく舵《かじ》を切りつつも、そのことによってともすれば失われがちな大衆的な支持をどのようにつなぎ止めるかが新たな課題になっているわけである。

そこに現れたのが、旧来の自民党の支持層の一部であった都市の「旧中間層」——中小零細の自営業者で、自治会・町内会などを通じてこれまで日本の地域社会を支えてきた人々——に少し遅れて、しかし同じような軌跡を描いて社会的に上昇し、今では肩を並べるようになった創価学会の会員たちに支えられた、公明党という連立政権のパートナーであった。いわば、自民党が切り捨てた支持層の一部をちょうど補完する役割を創価学会と公明党が引き受けているということである。自民党にとって創価学会による支援がないかぎり、もはや選挙が戦えなくなっているとは、そういうことなのである。

しかし、このことは逆に創価学会の側からみると、どのようなことを意味するのか。これまでは地域社会の保守層から認められることもなければ、公務員や大企業雇用者からなる組織労働者とも異なっていた人々が、ただ創価学会という宗教団体の仲間たちの励ましだけを頼りに、人から後ろ指をさされることのないように自らの仕事に打ち込み、激しい折伏と選挙運動を通じて仲間を増やしたり、公明党への支持を集めることによって世の中に少しずつ認められていくと同時に、世間的な意味での社会的な地位の上昇もある程度実現することによって、とうとう自治会・町内会などを中心とした地域社会の中に受け入れられ、政権与党の一角をも担う存在になったということである。それはそれで古くからの会員からすれば、感慨深いことであろう。

しかし、それでは創価学会と公明党は、これまでの自民党の一方の支持基盤を補完するだけの存在と考えてよいのであろうか。他方、自民党は一度切り捨てかけた支持基盤を、創価学会と公明党が補完してくれたからといって、以前のようにその支持基盤を改めて守り続けると見てよいのだろうか。

この点については、創価学会と公明党の側においても、自民党の側においても、事態を流動化させる要因が数多く存在する。その意味で現在の地域における自公連立はあくまで過渡的な現象と見るべきであろう。

自民党の場合、公共事業を中心とした利益誘導にもとづく格差の是正という理念を投げ棄て、グローバル経済における市場原理主義と自己責任という新保守主義的な理念に踏み込んだとはいえ、格差拡大の非難を受けて、いずれは大資本と富裕層の利害をある程度制限してでも、その他の人々を守るだけの新しい方法と理念を求められることになるだろう。他方、公明党と創価学会の側も、いつまでもただ政治的に守られるだけの存在にとどまっているとはいえないだろう。創価学会の会員たちの中には、それ以上の社会的地位の上昇をとげ、むしろ大資本と国家官僚機構の内部にその位置を占めるようになった人々も少なからず存在している。この点でも、創価学会は自民党の支持層と非常によく似てきているのである。

2――自民党とよく似た構造

すでに紹介したように、宗教学者・島田裕巳は、創価学会の会員が単なる地域社会における認知の域を越えた社会的な地位の上昇をとげていることを前提に、議論を展開している。残念ながら、そのことを実証的に示すデータは存在していない。あくまで単によく耳にする話であったり、個人的な印象の域を出てはいない。しかし創価学会の会員が、昔とは異なりそれなりの社会的地位を占めるようになっていることも、一概に否定することはできないだろう。つまり、創価学会の会員の中にも、中小企業の従業員や零細な自営業者などの本来の労働者階級にとどまるのではなく、大学を出て公務員や大企業の専門職ないし管理職などの仕事についたり、司法試験に合格して弁護士や検事になるなど、大資本と国家官僚機構という支配層に連なる中間層的な、いわばミドルクラスへと上昇をとげた人々も決して少なくはないだろう。そうなると、その層を中心とした自民党の支持層とそれほど異なるところはないのかもしれない。

同じ矛盾を内包

つまり、支配層と新中間層を中心とした自民党と、労働者層と旧中間層を中心とした創価学会という単純な図式ではなく、自民党と創価学会が同じくその両者を抱える政治勢力としての矛盾を抱えていると見たほうがよいのかもしれない。自民党が後者を顧みなくなってきたのに対して、創価学会は前者をも視野に収めなければならなくなってきたという経緯が異なるだけのことである。

ところで、同じくこの両者を内部に含み込んでいるとはいっても、それぞれにその力点を異にしている二大政党が交互に政権を担当するというのが、アメリカやイギリスで実現している二大政党制である。この二〇年間、日本もこの政権交代可能な二大政党制の確立をめざして政治改革が行われてきた。したがって本来ならば、田中派的な人々と創価学会が手を結んで、イギリスでいう労働党的な勢力を形成し、官僚派と組織労働者が手を結んでアメリカでいう共和党的な勢力が成立するのが筋なのかもしれない。

しかし日本の場合、その歴史的な事情やそれにともなう思想的な布置状況からいっても、なかなかそのような形には整理されていかないようである。となると、この両者を含み込んだ自民党と公明党がいかにしてこの二つを両立させていくのか、はたまたそれに対応して民主党はどのような対立軸を提出しうるのかということが問題になる。後者の問題

については さておき、ここでは前者の見通しについてだけ、若干の考察をしておきたい。

かつての自民党がこの矛盾をどのように解決してきたかについては、すでに何度かふれたとおりである。公共事業や利益誘導型の保守政治といわれてきたものがそれである。この点では、公明党も同様だったのかもしれない。公明党が地方自治体において早くから自民党とともに与党の地位を占めていたのも、そもそもまずは地方自治体の議会へと進出していったのも、当時は経済的に不利な立場にあった創価学会の会員たちに、いわば現世的な利益を配分するためであった。公明党の議員たちは、かつての自民党のどぶ板議員と同様に、有権者への個別のサービス提供に奔走していた。ある意味でそのことは何と非難されようと、経済的な自由競争によって生まれる格差を所得の再配分によって調整するという民主主義社会における政治の果たすべき役割の一つであった。それはいわば福祉国家の原理でもあった。

ところが、高い税金を取られるばかりで公的なサービスを必要とはしない中上層の人々から見ると、それは大変不公正なことと思われるようになったのである。それが一九七〇年代の後半にアメリカで起こった「納税者の反乱」であり、その後世界的に力をもつようになる「新保守主義」ないし「新自由主義」の立場である。こうして福祉国家の原理は急速に後退していくことになる。

このことを、世の中があまりにも利己的で競争的になったがゆえに、公共心や共同性が失われたのだと嘆くこともできるが、要は資本主義の市場原理においてはどうしても生まれてしまう階層的な格差をいかに調整すべきかということについての新しい原理が求められていると考えたほうがよいだろう。日本でいえば、公共事業と利益誘導という田中政治の原理が、もはや通用しなくなったということである。少なくとも自民党を中心とした保守政治においては、この点をめぐって政治改革という名の混乱が続いている。自民党も民主党も、市場原理主義にもとづくネオ・リベラリズムの方向に傾きつつも、それを徹底しえないと同時に、それを補完する原理を見いだしえていない。いまだに自由主義とは根本的に対立せざるをえない旧態依然とした戦前からの国家主義を持ち出す以上のことができていないのである。

それでは、同じような矛盾を抱えるようになった創価学会や公明党は、これをどのように解決しようとしているのだろうか。

3——自民党とよく似たトリック

創価学会も、ある意味では自民党と同じようなトリックを用いてきた。政界に進出した公明党の議員や、医者や弁護士などの社会的な上昇をとげた学会員が、いまだ十分な上昇を果たしていない会員を援助し、励まし、ときには現世的な利益をもたらすという方法によって内部的な結束を固めるという点では、同じだったのかもしれない。しかし、創価学会の場合、きわめて重大な特徴がある。この点を島田裕巳は池田名誉会長のふるまいとして、次のように指摘していた。繰り返しになるが、もう一度確認しておきたい。

池田名誉会長は一般の学会員の前で、学会の学歴の高い幹部エリートを痛烈に批判し、こきおろすことがよくあるという。幹部たちに少しでも一般の学会員を見下したり、おごりたかぶるところがあると、池田はそれを容赦しない。そうやって幹部はあくまで一般の学会員のために尽力すべき存在であることを徹底的に指導されるというのだ。それは学会員のかなりの部分がすでに社会的な上昇をとげた現在においても、あくまで創価学会は庶民のための組織であるという理念を崩していないからである。公明党の議員や学会の幹部は、あくまで庶民である一般の学会員のために働かなければならない。それが宗教団体である創価学会の原点であり、基本的な原理であり続けている。そして、それを幹部に叩き込むことができるのは、自らも庶民の位置から身を立てた池田名誉会長だけだというのである。

島田裕巳はそのように分析したうえで、しかし創価学会があくまで上昇をとげた学会員よりも庶民に依拠することを選択していることは、結果として組織としての成長に限界をもたらしているという。池田が何かにつけて幹部エリートをこきおろす光景は、確かに一般の学会員にとっては溜飲の下がる思いであろう。しかしそれをおもしろく思わない学会員も決して少なくはないだろう。また、組織の基盤をあくまで庶民におくことで、結局は創価学会が社会の支配的な側面に進んでいくことを阻んでいるのだ。そのように考える創価学会や公明党の幹部も、すでにかなり多くなっているのではないかというのが、島田の見解である。その意味で池田大作自身が、現在では公明党との関係や創価学会の中であまり自由にもののいえる立場ではなくなっているのではないかと、島田は推測している。この推測にもとづくならば、池田大作亡き後の創価学会は大きく変貌する可能性があるということになる。

田中角栄と池田大作

しかし、池田大作というカリスマ的な指導者によって保持されてきた原理を、はたしてそれほど軽くみることができるものだろうか。なぜなら、そこにこそ宗教団体としての創価学会に残された基本的な理念が存在しているからである。それは確かに池田大作という希代のカリスマによって維持されてきたものであるが、池田亡き後にもし仮にそれが維持されないとしたら、それは創価学会が宗教団体として自らを維持できなくなることを意味している。もちろん、その可能性もあるが、たとえカリスマが失われ、日常化されたとしても、理念としては組織的に維持されていくのが、通例の宗教団体のあり方であろう。このような意味での「ポスト池田」に関する見通しについては、後でまたふれることにして、ここではまず自民党との違いについてはっきりさせておきたい。

田中角栄という、やはりカリスマ性を持った政治家によって戦後改めて確立された、日本の保守政治による利益誘導という原理は、中央と地方、都会と田舎という地域的な不均等発展にもとづく階層的な格差を、公共事業や公共的な投資という政治の力によって是正することを目的としたものであった。そこで働いていた考え方や原理は、有力政治家を支援することで自らの利益を誘導するというものである。

それは確かに地域的な不平等の解消や、個人的な利益ではなく地域全体の利益というかたちで、一定の理念としては成立していたが、あくまで個人の利益や利害にもとづくものであり、かつその根底には古い意味でのクライエンタリズム――水戸黄門的な仁政意識やおれにまかせておけ的な親分子分意識――が残存していて、対等な個人というよりも、身分的な上下関係を前提とした、とても平等な個人からなる民主的な社会とはいえないような関係をはらむものであった。それゆえに、ともすれば今でも保守派の正統的な理念としては、天皇制にもとづく戦前の国家主義が驚くほど素朴に持ち出されるのであって、いずれにせよ近代的な政治原理としてはとても十分とはいえないものである。

池田大作というカリスマを中心とした創価学会も、構造的には同型の組織となりつつある。やはり、一部の社会的な地位を確立した幹部エリートと、いまだそこにはいたっていない庶民としての一般学会員を、何らかのかたちで組織としてまとめ上げておかなければならない。その点では同じ構造を持っている。

しかし、この両者を結びつける原理と理念は、きわめて重要な点で異なっている。創価学会がその組織としての基盤と位置づける庶民は、日本の保守政治が長くそう位置づけてきた、従順で物言わぬ庶民ではない。確かに今は十分な社会的地位を得てはいないが、いつかは幹部エリートと同じ地位に達することをけっしてあきらめていない、それに向けてつねに自らを活性化し高めていくことを求める生命力に満ちた、あくまで対等の人間と位置づけられている。

それゆえに池田大作は婦人部の学会員一人一人の手を取って、「絶対幸せになるんだよ」と励ますのであり、首尾良く社会的地位を獲得した幹部エリートが一般の学会員を見下すことを厳しく戒めるのであり、一般の学会員もまた不思議なくらい「幹部といってもろくに信心していないのがいる」と平気でよく口にし、座談会や御書学習会で説明のうまくない幹部の評価を手厳しく裁断するのである。アメリカ国民によって選ばれた大統領があえて危険を冒して、お忍びで、かつ手の込んだ演出でいきなりイラクの駐留兵士たちを激励に自ら訪れなければならなかったように、安全といわれたサマワに自衛隊員を派遣するにあたって、直接現地に足を運ばなければならなかった日本の政府要人は、公明党の神崎武法代表ただ一人だったことが、そのことをよく物語っている。

伝統と革新

もちろん、創価学会についても、池田大作の命令一下、一糸乱れぬファシズム的な体質を持つ宗教団体であり、学会員は完全にマインド・コントロールされているという見方はいまだに根強いし、その背景には保守勢力以上に伝統的な人間関係が残っているからだという評価も、すでに見たように繰り返しなされてきたことである。

しかし、この点についてはもう少し冷静で実証的な検討が必要なのではないだろうか。確かに、創価学会も田中政治と同様にいくぶんかは日本人の伝統的な意識に棹さしてきたことは否定できない。しかしはたして古い意識形態にまったく根を持たないような革新的な意識など存在するのだろうか。欧米近代の民主主義的な政治理念の中にも「ノーブレス・オブリージュ」といわれる貴族主義的な観念やキリスト教的なチャリティーの精神が一つの基盤をなしていることや、ソ連や中国の革命をへた共産党の支配に古いツァーリズムや王朝の支配と似たものを感じ取ることは、それほど不思議なことではないだろう。人間の意識や社会的な観念は、つねにそのようにして少しずつしか前に進んでいかないのである。

実は、ここでは批判的に取り上げている田中派的な利益誘導政治においても、戦前の天皇制における官僚支配に比べれば、いくぶんかは選挙による人々の支持に依拠しているだけ「民主化」されているとみることもできる。この点は、小泉政治に反発し、議員を引退した野中広務が、田中派系の最後の大物であると同時に、今となっては中国や韓国との関係改善に努めるハト派であり、弱い立場の人々の気持ちのわかる政治家として評価される側面を持っていることからもよくわかるだろう。そういう戦後の保守政治の世界から、さらに一歩（あるいは半歩かもしれないが）創価学会は前に進んでいると見ることもできるのかもしれない。

4――「ポスト池田」と日本の政治構造

資本主義社会が経済的な原理として階層的な格差の存在を解消することができないとすれば、その格差は政治的ないし社会的に緩和していくしかない。それがうまくいかなければ、資本主義の経済体制もやがては維持できなくなるだろう。

戦後日本の社会は、中央と地方、都市と村落の間に存在した格差を巧みに利用しながら、急激な経済の高度成長を成し遂げ、その成果の一部を地方や村落に政治的に還元し、社会的な合意を調達することによって長く安定を保ってきた。同時にその体制は、村落から都市に流入した労働者たちが中小企業の従業員や零細自営業の事業主として刻苦勉励するならば、何とか世代的な再生産を可能にし、いくらかは社会的な上昇をとげることができるという条件によって補完されてもいた。すでに見たように、それがかつては都市自営業者層として天皇制ファシズムや戦後の保守政治を支え、いくぶん遅れてこれに続いたのが創価学会へと組織された人々であった。

ところが、七〇年代まで続いたこの体制が、八〇年代以降、徐々に変化していったのである。

グローバル経済の進展によって、もはや地方といっても国内では十分に安い労働力を調達することができなくなり、さらに性別役割分業にもとづく女性のパート労働でも足りなくなると、ついには限定付きとはいえ、外国人労働者の流入が図られるようになる。そうなると、税金によって地方の生活を支える意味がなくなり、むしろ世界的に競争力のある都市への公共投資が必要とされるようになる。さらに貿易摩擦と円高によって国内市場の拡大が求められることで、その傾向に拍車がかけられることになる。

その結果、東京への一極集中が改めて進行すると同時に、以前のように地方と中央の格差を是正するということが、とりわけ都市の市民層の理解を得られる政策目標とはならなくなっていったのである。

こうして、古いタイプの保守政治の原理が正当性をもたなくなり、大資本と官僚機構に依拠して国家をあげた経済成長を図り、その成果の一部を地方や都市の「旧中間層」に利益誘導することで政治的な支持をつなぎとめるという自民党の基本的な手法が徐々にゆらいでいく。小泉政治は大資本とそれに連なる都市ホワイトカラー層に完全に軸足を移し、巧みな政治手法によってこれまでどちらの側からも見捨てられていた若者や右翼的な勢力を取り込むことで、バブル期の不良債権などの整理を断行し、すでに多国籍企業となった日本の大企業を中心とした一定の景気回復を実現するが、もはやその果実は中下層には届かず、格差の拡大が問題とされるようになる。

そして、改めてこの格差をいかに扱うかという点で、新しい政策理念を見出すことができないまま、新自由主義を貫徹することも、かといってかつての保守政治にもどることもできないというのが、今日の状況なのである。

このような日本の政治構造の中で、公明党と創価学会が自民党を支えている構図は、ある意味では古いタイプの保守政治の延命に力を貸しているだけのようにも見える。いずれは創価学会も社会的上昇をはたした学会員を中心に、自民党の支持層と同様に、いまだ庶民にとどまっている学会員たちを保守的な権威主義や宗教的なイデオロギーによってつなぎとめるだけの組織になっていくのかもしれない。それが「ポスト池田」に関する一つのシナリオである。

したがって、ここで重要なのは、公明党と創価学会ないし学会幹部と一般学会員との関係が、池田大作という宗教的指導者を失った後も、どこまで維持されるのかという点である。いいかえれば、学会員同士の関係が、たとえその内部で現実に階層的な格差が存在し、不均等な援助関係が結ばれていたとしても、あくまで平等な人間同士であるという理念が貫徹するのかどうかという点が問われてくるのである。人間には誰にでもかけがえのない生命が宿っており、誰もが幸せになる権利を持った平等な存在であるという人権意識にも似た観念が、どこまで定着しているのかということである。仮にそれが少しでも伝統的なクライエンタリズムに何らかの平等意識を付け加えているとすれば、そこから格差を是正するための新しい理念が生まれてくるのかもしれない。

ヨーロッパにおける差別と平等の観念

ここで少し日本との比較でヨーロッパにおけるこの点での思想的な展開をあとづけてみよう。もともとヨーロッパでも人権や平等の観念が支配的だったわけではない。むしろ奴隷制のもとで人種的な差別は日本以上にきびしかった。ナチスのユダヤ人迫害は、帝国主義にもとづく植民地支配によって、そのようなヨーロッパの負の伝統が一挙に吹き出たものと解釈できる、とハンナ・アレントは論じている。だからこそ第二次世界大戦後には、人権の尊重と差別の撤廃が最重要視され、現在でも人種差別の問題が繰り返し話題になるのである。

まあそれはよいとして、ヨーロッパの伝統において民主主義の観念はギリシャの都市国家まで遡《さかのぼ》るが、それはあくまで奴隷所有者としての対等な貴族＝市民の間での民主主義であった。奴隷との関係においては決定的な差別が厳存し、ほとんど人間扱いすらされていない。そこにローマ以降、貧しき者ほど神の国に近いというキリスト教の教えが広がっていく。もともと虐げられた者たちの信仰であったキリスト教が、徐々にローマの支配層に受け入れられていくことで、身分や階級的な格差はあったとしても、神の下では平等であり、本来助け合うべき隣人であるという考え方が生まれてくる。

ところが、これは身分や出自にこだわる中世の封建制とは相容れないので、選ばれた者には神から特別の恩寵《おんちょう》が与えられているという王権神授説のような考えが現れ、これがやがて特別の資質を持つ者には相応の責務がともなうという「ノーブレス・オブリージュ」などの観念へと展開していったと考えられる。キリスト教のもとでは自らの衣食が足りたならば、貧しき者に施しをするのが富者のつとめであり、今でも功なり名を遂げた実業家が、慈善事業などにすすんで寄付をすることが多いのは、そういうことなのである。

これはいわば貴族制にもとづく身分や階層による差別や格差を前提とした考え方の系譜である。ヨーロッパにはこれとは少し異なり、神や法の下での平等の原理をあくまで推し進めようとする思想の系譜も存在する。それが奴隷や農奴の解放を求めた革命の系譜である。それは特定の資格を持った人々の間に対等の権利と義務の履行を認める民主主義の徹底という方向で、ギルドの結束にもとづく中世都市の自治から、新興ブルジョアジーによる市民革命、さらには労働者、女性、障害者、移民や少数民族へと、その適用の範囲が徐々に拡げられてきたと見ることができる。そこでの原理は富める者が貧しき者を助けるというチャリティーや慈善の考え方ではなく、対等な個人が互いに助け合うという社会的連帯や協同組合主義の考え方である。そして、この労働者や消費者の連帯が国家という形態をとったのが、第二次世界大戦後の福祉国家の達成だったのである。平等に人権を持った市民が互いに相応の負担を引き受け、民主的に運営される国家によって最低限の生活を保障されるというシステムが、市場経済において生じる格差を是正するロジックとして正当性を持ったのである。

福祉国家の崩壊と社会的な民主主義の模索

ところが、この福祉国家の理念が崩れてくるのが八〇年代以降の新保守主義の時代なのである。そこでは国家による市場への介入が否定され、再び自由競争が強調されてくる。それは福祉国家による生活の保障が社会の活力を低下させ、非効率な行政組織の拡大を招いたとの批判にもとづいている。そして、それは安い移民労働力の活用によって労働条件の切り詰めを行うグローバリゼーションの進行と相まって、経済的な格差を拡大することになった。こうして欧米においても、改めて福祉国家に代わる格差是正のための新しいロジックが求められたのである。

さて、それではアメリカやイギリスにおいて、この点でどのような新しい対処が試みられているかというと、現在アメリカではNPOが、イギリスでは社会的企業が、福祉国家に代わってある程度の役割をはたすことが期待されている。つまり国家が直接サービスを提供するのではなく、社会的共同的な第三のセクターが供給主体となり、民間の寄付や基金を中心として、免税措置にもとづいた運営が模索されているのである。

それらは政府による法的な地位の付与と実は比較的潤沢な補助金によって支えられているということに気をつける必要があるが、確かに協同組合主義にもとづく福祉国家とは異なるロジックにもとづくものといってよいだろう。比較的裕福な個人や企業による寄付金やファンドを活用し、これまでの慈善事業などの伝統を継承するという点では、むしろ古いチャリティーの観念の復興を思わせるところがある。移民の存在や格差の拡大によって、とても対等とはいえないような人々の間に実質的に平等な関係を築いていくことが求められるようになった。その実現のためには、はじめから単純に対等な関係を求める協同組合的な原則よりも、持てる者が貧しき者を助けるという貴族主義的な伝統をまずは活かすほうが、新しい可能性を持つという逆説的な状況をもたらしているのかもしれない。

いずれにせよ欧米では新自由主義のもとで、単純に対等な個人を前提とした民主主義ではなく、圧倒的に不利な立場にある人々への支援や代弁（これをエンパワーメントとか、アドボカシーという）も含んだ意味での社会的な民主主義が、新しいロジックとして模索されているのである。

格差是正の新しいロジックを求めて

日本においても、欧米諸国と同様の新自由主義にもとづく福祉国家の崩壊は着実に進んでいる。日本の場合、対等な個人による協同組合主義にもとづく福祉国家というよりも、伝統的なクライエンタリズムにもとづく官による民の庇護と官に対する民の恭順という色彩の強い国家主義であったというほうが適切かもしれないが、このような国家官僚機構を中心とした開発主義的なあり方自体が否定され、最近では官と民の協働というかけ声のもとに、行政の関わりを弱めて、民間の努力に任せるという方向が模索されている。具体的には地方分権改革の名のもとに、地方への財政的な援助や公共投資が大幅に削られているのである。その結果、失業率の増大と格差の拡大が大きな問題になってきている。これまでのような官主導の利益誘導をともなう公共投資による格差の是正とは異なったロジックが求められているわけである。

それでは、アメリカやイギリスに見られるような、伝統的なチャリティーの観念にもとづく、けっして対等とはいえない人々の間の援助関係を模索するということが日本でも可能なのだろうか。アメリカやイギリスのように、一度対等な個人の間の協同組合主義が追求された国であるならば、むしろ伝統的なチャリティーの精神が新しい意味を帯びることはあるかもしれないが、日本の場合、むしろ伝統的な対等とはいえない主体間の保護恭順関係にもとづく国家による格差是正の方法＝利益誘導が批判されているのである。だとすれば、たとえ何らかの格差は否定できないとしても、人間はあくまで平等であるという思想にもとづく援助関係のロジックが新しく求められることになる。

ここに創価学会が培ってきた思想がはたして本当に新しい可能性を持つのか、という点が問われてくるのである。現実にさまざまな格差や差異はあったとしても、同じ人間であり、それゆえ同じように生きていく権利を持ち、たとえ人の助けは受けたとしても、誇りを失うことなく生きていく資格を持つのだという、虐げられた奴隷や、市民や、労働者や、庶民がこれまで依拠せざるをえなかった平等の観念にもとづく思想が、政治や政策の中に新しく位置づけられることが、日本においてもできるのかどうか、そのことが問われてくる。

そのときに、相変わらず能力に恵まれた者が考えるしかないのだから、それにおとなしく従うべきだという保守的な思想が、メリットクラシー（能力の高い人が大きな権限や報酬を得て当然とする考え方）やテクノクラシー（技術的な知識をもった専門官僚が統治すべきだという考え方）という形をとって復活するのか、それとも欧米のようにやはり労働者の運動が生み出した「普遍的」といわれる人権思想の成熟を待つしかないのか、はたまた日本の庶民が生み出したという創価学会の思想が何らかの役割を果たしうるのか、そのことが問われてくる。創価学会がこれまで受けてきた毀誉褒貶の数々は、まさにその瞬間に「現証」をもって試されることになるのだろう。

あとがき

数年前に『東京のローカル・コミュニティ』という本の中で、創価学会について書く機会をもった。本書は、それを読んだ編集者が出版を勧めてくれたものである。それゆえ本書のかなりの部分は、前書ですでに紹介した内容を、少し書き改めたものになっている。その後、創価学会からも何度か取材を受けることがあって、学会の出版物に私の発言が掲載されるということがあった。ネットの世界では、すでに私は学会絶賛記事を書いている大学関係者の一人としてリストアップされているようである。

確かに私は創価学会に不必要に批判的ではないので、そのようなそしりを受けても仕方がないのだろう。しかし、前書のように調査に協力してもらった方々を悪くいうこともない事情や、わざわざ取材にきた当事者を悪くいうこともない状況ぐらいは理解してもらいたいものである。もちろんその時点ですでにつけこまれているのだといわれればそのとおりだが……。

まあそれだからというわけでもないが、本書では創価学会にとっては今さら掘り返すこともないだろうという過去の事実についても、もれなく紹介することに努めた。もはやそのようなことがあったことも知らない人が多くなったからである。それは創価学会を嫌うにせよ、讃えるにせよ、事実を自ら確認したうえでにしてほしいという思いからである。

今では公明党も与党の一角を占め、創価学会をめぐる報道もずいぶん様変わりしている。一昔前の反社会的な団体であることを強調する論調から、有名人の誰それが実は学会員で特別の扱いを受けているという類の話が多くなったように思う。しかしそんなことよりも、創価学会をめぐる言説とそれに対するわれわれのいわくいいがたい感覚の中に、実は日本の社会とその歴史を知るうえで、きわめて重大な事実が隠れていることを、一人でも多くの人に知ってもらいたいと思ったのである。それは、このあとがきから先に読んでいる人にとっては、突拍子もないことに聞こえるかもしれないが、日本における労働者階級とその思想についての問題なのである。

日本では、ヨーロッパのように労働者が自ら労働者階級に留まり、世代的に再生産していくことを望み、それゆえ労働者階級全体としての生活の保障と向上を求め、国家の法制度の中でそれを権利として獲得しようとする意味での労働運動が力をもつことはついぞなかった。そのような、アジアやアフリカの経験からすると、むしろヨーロッパに特異な現象が起きるためには不可欠な、中産階級＝ミドルクラスの一部が労働者たちの生活と社会にある種のリスペクトを抱いて接近し、これと連帯するということが、日本ではついぞ確立することがなかったのである。

日本の労働者は、知識層からの援軍も仲間との連帯もあてにせず、つねに激しい競争の中に身を捧げ、労働者としての生活から個人の努力だけで抜け出そうと努めてきた。それゆえ結果として貧しい生活から抜け出せなかったのはすべて自分が悪いのだと自らを責め、世間や国家に対して最低限の生活の保障すらも要求することをはばかってきたのである。その裏側には、確かにある程度の労働者が首尾良く中間層へと上昇することができたというある時期までの歴史的偶然が作用していた。創価学会に結集した人々は、そのような社会的地位の上昇を達成することのできた最後の労働者であると同時に、もはや上昇の道を望めなくなる最初の組織された労働者になるのかもしれない。

そのときに、はたして中間層へと上昇した人々と、そうでない人々との間に、何らかの関係が構築できるのかできないのか、そのことが改めて問われてくる。これからおそらく避けることができなくなる日本における格差社会の固定化や移民の流入と定着を認めざるをえなくなる将来において、明らかに階層や民族の異なる人々がそれでも互いに誇りを失うことなく平等に暮らすための何らかの新しい思想が生みだされなければならない。そのときに、創価学会が培ってきた思想が、本当に取るに足りないものかどうかが試されるのである。

いずれにせよ本書が、創価学会の嫌いな人にも、創価学会員だという人にも、美空ひばりや田中角栄そして創価学会のようなものと、それに対する日本社会の対応、その結果として生じるわれわれの感覚の背後にあるものを見抜き、新しい社会を築いていく助けになるならば幸いである。

参考文献

1章
玉野和志『東京のローカル・コミュニティ――ある町の物語一九〇〇―八〇』東京大学出版会 二〇〇五年
第三文明社編集部編『御書を学ぶ人のために』第三文明社 二〇〇〇年
菅野博史『法華経入門』岩波新書 二〇〇一年
坂本幸男、岩本裕訳注『法華経』上・中・下 岩波文庫 一九七六年
創価学会教学部編『教学の基礎――仏法理解のために』聖教新聞社 二〇〇二年

2章
創価学会教学部編『新訂版 創価学会入門』聖教新聞社 一九九六年
池田大作『人間革命』全一二巻 聖教新聞社 一九六五～九三年
池田大作『新・人間革命』(刊行中) 聖教新聞社 一九九八～二〇〇八年
渡辺照宏『日本の仏教』岩波新書 一九五八年
末木文美士『日蓮入門――現世を撃つ思想』ちくま新書 二〇〇〇年

堀幸雄　『公明党論──その行動と体質』　南窓社　一九九九年
藤原弘達　『創価学会を斬る』　日新報道出版部　一九六九年
藤原弘達　『新・創価学会を斬る──傷つけられた大衆の怒声』　日新報道出版部　一九七二年
藤原弘達　『藤原弘達の生きざまと思索7　斬る』　藤原弘達著作刊行会　一九七九年
創価学会四十年史編纂委員会編　『創価学会四十年史』　創価学会　一九七〇年
竹入義勝　「秘話　55年体制のはざまで　1～12」　朝日新聞（一九九八年八月二六日～九月一八日）
上前淳一郎　『イカロスの翼──美空ひばりと日本人の40年』　文春文庫　一九八五年
坂本守　『創価学会・公明党の研究』　現代評論社　一九七八年
松本清張　『作家の手帖』　文藝春秋　一九八一年
朝日新聞アエラ編集部　『創価学会解剖』　朝日文庫　二〇〇〇年
山崎正友　『盗聴教団』　晩聲社　一九八〇年
山崎正友　『「月刊ペン」事件　埋もれていた真実』　第三書館　二〇〇一年
原島嵩　『池田大作先生への手紙──私の自己批判をこめて』　晩聲社　一九八〇年
浅井昭衛　『「学会・宗門」抗争の根本原因』　国書刊行会　一九九一年

3章

H・N・マックファーランド　内藤豊、杉本武之訳『神々のラッシュアワー──日本の新宗教運動』　社会思想社　一九六九年

佐木秋夫、小口偉一　『創価学会――その思想と行動』　青木書店　一九五七年
鶴見俊輔、他　『折伏――創価学会の思想と行動』　産報　一九六三年
村上重良　『創価学会＝公明党』　青木書店　一九六七年
鈴木広　「都市下層の宗教集団」(上)・(下)　『社会学研究』22、24・25　一九六三年、一九六四年　東北社会学研究会
鈴木広　『都市的世界』　誠信書房　一九七〇年
塩原勉　「創価学会イデオロギー」　『展望』78　一九六五年
梅原猛　「創価学会の哲学的宗教的批判」　『思想の科学』33　一九六四年（『美と宗教の発見』　筑摩書房　二〇〇二年所収）
J・W・ホワイト　宗教社会学研究会訳　『創価学会レポート』　雄渾社　一九七一年
W・コーンハウザー　辻村明訳　『大衆社会の政治』　東京創元社　一九六一年
S・M・リプセット　内山秀夫訳　『政治のなかの人間』　東京創元新社　一九六三年
杉森康二　『研究・創価学会』　自由社　一九七六年
谷富夫　『聖なるものの持続と変容――社会学的理解をめざして』　恒星社厚生閣　一九九四年
島田裕巳　『創価学会』　新潮新書　二〇〇四年
島田裕巳　『創価学会の実力』　朝日新聞社　二〇〇六年
B・R・ウィルソン、K・ドベラーレ　中野毅訳　『タイム　トゥ　チャント――イギリス創価学会の社会学的考察』　紀伊國屋書店　一九九七年

P・E・ハモンド、D・W・マハチェク　栗原淑江訳　『アメリカの創価学会――適応と転換をめぐる社会学的考察』　紀伊國屋書店　二〇〇〇年

4章

玉野和志　『近代日本の都市化と町内会の成立』　行人社　一九九三年
安藤喜久雄、石川晃弘編　『日本的経営の転機――年功制と終身雇用はどうなるか』　有斐閣　一九八〇年
前原政之　『池田大作――行動と軌跡』　中央公論新社　二〇〇六年
第三文明編集部編　『挑戦する公明党』　第三文明社　一九八二年
鎌田哲宏、鎌田とし子　『日鋼室蘭争議　三〇年後の証言』　御茶の水書房　一九九三年

5章

水谷三公　『王室・貴族・大衆――ロイド・ジョージとハイ・ポリティックス』　中公新書　一九九一年
武川正吾　『社会政策のなかの現代――福祉国家と福祉社会』　東京大学出版会　一九九九年
H・アレント　『全体主義の起原』1・2・3、新装版　みすず書房　一九八一年

N.D.C.360　214p　18cm
ISBN978-4-06-287965-1

講談社現代新書　1965

創《そう》価《か》学《がっ》会《かい》の研《けん》究《きゅう》

二〇〇八年一〇月二〇日第一刷発行　二〇二三年一二月六日第五刷発行

著　者　玉《たま》野《の》和《かず》志《し》　

発行者　髙橋明男

発行所　株式会社講談社
東京都文京区音羽二丁目一二—二一　郵便番号一一二—八〇〇一

電　話　〇三—五三九五—三五二一　編集（現代新書）
〇三—五三九五—四四一五　販売
〇三—五三九五—三六一五　業務

装幀者　中島英樹

印刷所　株式会社ＫＰＳプロダクツ

製本所　株式会社ＫＰＳプロダクツ

定価はカバーに表示してあります　Printed in Japan

「講談社現代新書」の刊行にあたって

教養は万人が身をもって養い創造すべきものであって、一部の専門家の占有物として、ただ一方的に人々の手もとに配布され伝達されうるものではありません。

しかし、不幸にしてわが国の現状では、教養の重要な養いとなるべき書物は、ほとんど講壇からの天下りや単なる解説に終始し、知識技術を真剣に希求する青少年・学生・一般民衆の根本的な疑問や興味は、けっして十分に答えられ、解きほぐされ、手引きされることがありません。万人の内奥から発した真正の教養への芽ばえが、こうして放置され、むなしく滅びさる運命にゆだねられているのです。

このことは、中・高校だけで教育をおわる人々の成長をはばんでいるだけでなく、大学に進んだり、インテリと目されたりする人々の精神力の健康さえもむしばみ、わが国の文化の実質をまことに脆弱なものにしています。単なる博識以上の根強い思索力・判断力、および確かな技術にささえられた教養を必要とする日本の将来にとって、これは真剣に憂慮されなければならない事態であるといわなければなりません。

わたしたちの「講談社現代新書」は、この事態の克服を意図して計画されたものです。これによってわたしたちは、講壇からの天下りでもなく、単なる解説書でもない、もっぱら万人の魂に生ずる初発的かつ根本的な問題をとらえ、掘り起こし、手引きし、しかも最新の知識への展望を万人に確立させる書物を、新しく世の中に送り出したいと念願しています。

わたしたちは、創業以来民衆を対象とする啓蒙の仕事に専心してきた講談社にとって、これこそもっともふさわしい課題であり、伝統ある出版社としての義務でもあると考えているのです。

一九六四年四月　野間省一

哲学・思想Ⅰ

哲学・思想Ⅱ

13 論語——貝塚茂樹
285 正しく考えるために 岩崎武雄
324 美について——今道友信
445 いかに生きるか——森有正
1007 日本の風景・西欧の景観——オギュスタン・ベルク 篠田勝英 訳
1123 はじめてのインド哲学 立川武蔵
1150 「欲望」と資本主義——佐伯啓思
1163 「孫子」を読む——浅野裕一
1247 メタファー思考——瀬戸賢一
1248 20世紀言語学入門——加賀野井秀一
1278 ラカンの精神分析——新宮一成
1358 「教養」とは何か——阿部謹也
1436 古事記と日本書紀 神野志隆光
1439 〈意識〉とは何だろうか——下條信輔
1542 自由はどこまで可能か 森村進
1544 倫理という力——前田英樹
1560 神道の逆襲——菅野覚明
1741 武士道の逆襲——菅野覚明
1749 自由とは何か——佐伯啓思
1763 ソシュールと言語学——町田健
1801 性愛奥義——植島啓司
1849 系統樹思考の世界——三中信宏
1867 現代建築に関する16章——五十嵐太郎
1875 日本を甦らせる政治思想——菊池理夫
2009 ニッポンの思想——佐々木敦
2014 分類思考の世界——三中信宏
2093 ウェブ×ソーシャル×アメリカ 池田純一
2114 いつだって大変な時代——堀井憲一郎
2134 いまを生きるための思想キーワード——仲正昌樹
2155 独立国家のつくりかた 坂口恭平
2164 武器としての社会類型論 加藤隆
2167 新しい左翼入門——松尾匡
2168 社会を変えるには——小熊英二
2172 私とは何か——平野啓一郎
2177 わかりあえないことから 平田オリザ
2179 アメリカを動かす思想 小川仁志

宗教

政治・社会

1038 立志・苦学・出世——竹内洋
1145 冤罪はこうして作られる　小田中聰樹
1201 情報操作のトリック　川上和久
1365 犯罪学入門——鮎川潤
1488 日本の公安警察——青木理
1540 戦争を記憶する——藤原帰一
1742 教育と国家——高橋哲哉
1965 創価学会の研究——玉野和志
1969 若者のための政治マニュアル——山口二郎
1977 天皇陛下の全仕事——山本雅人
1978 思考停止社会——郷原信郎
1985 日米同盟の正体——孫崎享

2053 〈中東〉の考え方——酒井啓子
2059 消費税のカラクリ——斎藤貴男
2068 財政危機と社会保障——鈴木亘
2073 リスクに背を向ける日本人　山岸俊男　メアリー・C・ブリントン
2079 認知症と長寿社会——信濃毎日新聞取材班
2110 原発報道とメディア——武田徹
2112 原発社会からの離脱　宮台真司　飯田哲也
2115 国力とは何か——中野剛志
2117 未曾有と想定外——畑村洋太郎
2123 中国社会の見えない掟　加藤隆則
2130 ケインズとハイエク　松原隆一郎
2135 弱者の居場所がない社会　阿部彩
2138 超高齢社会の基礎知識　鈴木隆雄

2145 電力改革——橘川武郎
2149 不愉快な現実——孫崎享
2156 本音の沖縄問題——仲村清司
2157 冤罪と裁判——今村核
2176 JAL再建の真実——町田徹
2181 日本を滅ぼす消費税増税——菊池英博
2183 死刑と正義——森炎
2186 民法はおもしろい——池田真朗
2194 韓国のグローバル人材育成力——岩渕秀樹
2195 反教育論——泉谷閑示
2197 「反日」中国の真実——加藤隆則
2203 ビッグデータの覇者たち——海部美知

経済・ビジネス

1596 失敗を生かす仕事術 畑村洋太郎
1624 企業を高めるブランド戦略――田中洋
1628 ヨーロッパ型資本主義 福島清彦
1641 ゼロからわかる経済の基本――野口旭
1656 コーチングの技術――菅原裕子
1695 世界を制した中小企業 黒崎誠
1780 はじめての金融工学 真壁昭夫
1782 道路の経済学――松下文洋
1926 不機嫌な職場――高橋克徳 河合太介 永田稔 渡部幹
1992 経済成長という病――平川克美
2010 日本銀行は信用できるか 岩田規久男
2016 職場は感情で変わる 高橋克徳

2036 決算書はここだけ読め!――前川修満
2047 中国経済の正体――門倉貴史
2056 フリーライダー――河合太介 渡部幹
2061 「いい会社」とは何か 小野泉 古野庸一
2064 決算書はここだけ読め! キャッシュ・フロー計算書編――前川修満
2066 「最強のサービス」の教科書――内藤耕
2075 「科学技術大国」中国の真実――伊佐進一
2078 電子マネー革命――伊藤亜紀
2087 財界の正体――川北隆雄
2091 デフレと超円高――岩田規久男
2125 ビジネスマンのための「行動観察」入門 松波晴人
2128 日本経済の奇妙な常識 吉本佳生
2148 経済成長神話の終わり アンドリュー・J・サター 中村起子 訳

2151 勝つための経営――畑村洋太郎 吉川良三
2163 空洞化のウソ――松島大輔
2171 経済学の犯罪――佐伯啓思
2174 二つの「競争」――井上義朗
2178 経済学の思考法――小島寛之
2184 中国共産党の経済政策 柴田聡 長谷川貴弘
2205 日本の景気は賃金が決める 吉本佳生

心理・精神医学

331 異常の構造——木村敏
539 人間関係の心理学 早坂泰次郎
590 家族関係を考える——河合隼雄
645 〈つきあい〉の心理学 国分康孝
677 ユングの心理学——秋山さと子
725 リーダーシップの心理学——国分康孝
824 森田療法——岩井寛
914 ユングの性格分析 秋山さと子
981 対人恐怖——内沼幸雄
1011 自己変革の心理学——伊藤順康
1020 アイデンティティの心理学 鑪幹八郎
1044 〈自己発見〉の心理学 国分康孝

1177 自閉症からのメッセージ——熊谷高幸
1241 心のメッセージを聴く 池見陽
1289 軽症うつ病——笠原嘉
1372 〈むなしさ〉の心理学 諸富祥彦
1376 子どものトラウマ——西澤哲
1456 〈じぶん〉を愛するということ——香山リカ
1625 精神科にできること 野村総一郎
1752 うつ病をなおす——野村総一郎
1852 老後がこわい——香山リカ
1922 発達障害の子どもたち——杉山登志郎
1984 いじめの構造——内藤朝雄
2008 関係する女 所有する男——斎藤環
2030 がんを生きる——佐々木常雄

2049 異常とは何か——小俣和一郎
2076 子ども虐待——西澤哲
2085 言葉と脳と心——山鳥重
2090 親と子の愛情と戦略 柏木惠子
2101 〈不安な時代〉の精神病理——香山リカ
2105 はじめての認知療法——大野裕
2116 発達障害のいま——杉山登志郎
2119 動きが心をつくる——春木豊
2121 心のケア——加藤寛 最相葉月
2143 アサーション入門——平木典子
2160 自己愛な人たち——春日武彦
2180 パーソナリティ障害とは何か——牛島定信

知的生活のヒント

78 大学でいかに学ぶか 増田四郎
86 愛に生きる——鈴木鎮一
240 生きることと考えること 森有正
327 考える技術・書く技術—板坂元
436 知的生活の方法——渡部昇一
553 創造の方法学——高根正昭
587 文章構成法——樺島忠夫
648 働くということ——黒井千次
722 「知」のソフトウェア——立花隆
1027 「からだ」と「ことば」のレッスン 竹内敏晴
1468 国語のできる子どもを育てる——工藤順一
1485 知の編集術——松岡正剛
1517 悪の対話術——福田和也
1563 悪の恋愛術——福田和也
1620 相手に「伝わる」話し方 池上彰
1626 河合塾マキノ流！国語トレーニング——牧野剛
1627 インタビュー術！——永江朗
1679 子どもに教えたくなる算数 栗田哲也
1684 悪の読書術——福田和也
1729 論理思考の鍛え方——小林公夫
1865 老いるということ——黒井千次
1940 調べる技術・書く技術—野村進
1979 回復力——畑村洋太郎
1981 正しく読み、深く考える日本語論理トレーニング 中井浩一
2003 わかりやすく〈伝える〉技術——池上彰
2021 新版 大学生のためのレポート・論文術——小笠原喜康
2027 地アタマを鍛える知的勉強法——齋藤孝
2046 大学生のための知的勉強術——松野弘
2054 〈わかりやすさ〉の勉強法——池上彰
2083 誰も教えてくれない人を動かす文章術——齋藤孝
2103 アイデアを形にして伝える技術——原尻淳一
2124 デザインの教科書——柏木博
2147 新・学問のススメ——石弘光
2165 エンディングノートのすすめ——本田桂子
2187 ウェブでの〈伝わる〉文章の書き方——岡本真
2188 学び続ける力——池上彰
2198 自分を愛する力——乙武洋匡
2201 野心のすすめ——林真理子

日本語・日本文化

105 タテ社会の人間関係 中根千枝
293 日本人の意識構造――会田雄次
444 出雲神話――松前健
1193 漢字の字源――阿辻哲次
1200 外国語としての日本語――佐々木瑞枝
1239 武士道とエロス――氏家幹人
1262 「世間」とは何か――阿部謹也
1432 江戸の性風俗――氏家幹人
1448 日本人のしつけは衰退したか――広田照幸
1738 大人のための文章教室 清水義範
1943 なぜ日本人は学ばなくなったのか――齋藤孝
2006 「空気」と「世間」――鴻上尚史
2007 落語論――堀井憲一郎
2013 日本語という外国語 荒川洋平
2033 新編 日本語誤用・慣用小辞典 国広哲弥
2034 性的なことば――井上章一 斎藤光 澁谷知美 三橋順子 編
2067 日本料理の贅沢――神田裕行
2088 温泉をよむ――日本温泉文化研究会
2092 新書 沖縄読本――下川裕治 仲村清司 著・編
2126 日本を滅ぼす〈世間の良識〉――森巣博
2127 ラーメンと愛国――速水健朗
2133 つながる読書術――日垣隆
2137 マンガの遺伝子――斎藤宣彦
2173 日本人のための日本語文法入門――原沢伊都夫
2200 漢字雑談――高島俊男